実務が必ずうまくいく

中学校 教務主任の仕事術

55の心得

片山紀子 [監修]
大村優・松原健明 [著]

明治図書

はじめに

　読者のみなさんは，中学校の教務主任に対して，どのようなイメージをもっていますか。

　筆者は，今までの勤務で出会った教務主任の先生方の姿が頭の中にありましたから，そのイメージは以下のようなものでした。

・校長・教頭に次ぐ No.3
・管理職になる先生
・とにかく仕事ができる先生
・計画能力や立案能力がある先生

　そんな教務主任を筆者が拝命したのは，33歳，教諭として採用され9年目の時です。3校目の学校で，それまでの職務経験は，担任を7年間，教育相談部長を1年でした。

　筆者自身のタイプは，上記のような立派な先生のイメージに合致するわけなく，どちらかというと感覚で動くことが多く，その結果として周りに迷惑をかけるようなタイプです。

　ただ，拝命され，受諾したからには，4月1日よりその立場になり，懸命に行うしかありませんでした。

　当たり前ですが，それまで教務主任とは，職員としてともに仕事を行っていましたので一定程度は教務主任について知っていました。

　ただ，いざ自分がその立場となり，職務遂行する中で，見えている仕事より，見えていない仕事の多さ，それも多種多様な仕事があり，戸惑いました。しかもそれらは，いろいろな人間関係の中で成り立っており，同時進行で動

かしていかなくてはならないということがわかり，想像以上の大変さでした。

　また筆者の場合，前年度の教務主任の方が３月末に異動されましたし，校内にその学校での教務主任の経験者もおられませんでした。ですので，職務の引き継ぎ期間も実際には１週間ほどしかなく，教務主任１年目は苦戦の連続でした。

　異動するまでその学校では，３年間教務主任をさせていただきました。今思うと１年目は，教務主任の仕事を知ることや覚えることに必死でした。２年目は，１年目で覚えた仕事を整理することに尽力しました。３年目は，仕事の質を上げることに懸命だったように思います。そんな３年間で考えたことや実践したことを，教職大学院の先輩である松原健明先生とともに本書で記しました。筆者は京都府で勤務し，松原先生は神奈川県で勤務しています。

　教務主任の仕事は学校によっても，地域によっても違うので，偏りが出ないように何度も話し合い，調整しました。

　もしかしたら，教務主任として当たり前のことを書いているのかもしれません。いや，多分そうです。だからこそ，今教務主任をしている方には，その当たり前を大切なことだと意識し，教務主任の仕事を遂行していただけたらと思います。

　また，これから教務主任を目指すという方は，こんな仕事があるんだという部分を少しでも知っていただき，実際に拝命された時に少しでも余裕をもって取り組んでいただけると幸いです。

　今回，執筆の機会を与えていただいた明治図書の江﨑夏生さまには，編集含めてたいへん世話になりました。心から感謝申し上げます。

2024年12月

大村　優

はじめに　003

もくじ

はじめに　002

第1章
教務主任の役割

01　教務主任の位置づけを知る　008

02　学校全体の授業の質を上げる　010

03　職員室の学級委員長として動く　012

04　職員室の顔としての自覚をもつ　014

05　管理職と現場をつなぐ　016

06　教員同士をつなぐ　018

07　教頭と連携を図る　020

08　生徒指導主事と連携を図る　022

09　学年主任と連携を図る　024

10　スムーズに引き継ぐ　026

Column　誰でも最初は，「はじめて」教務主任になる　028

第2章
年間の予定と行事

11　年間予定表―Excelで効率的に作成する　030

12　月間予定表―見やすさ重視で作成する　032

13　校内研修―緻密な計画で効果を上げる　034

14　生徒会活動―裏方として支える　036

15　離任式・着任式―滞りなく遂行する　038

16　入学式―よいスタートを切らせる　040

17　卒業式―次のステップに進ませる　042

18　体育大会・文化発表会―いつ・誰が・何を明確にする　044

Column　1年間をイメージし，見通しをもつ　046

第3章
会議と準備

19 職員会議―意見を聞く時間を確保する　048

20 企画調整会議―学校運営や教育活動を円滑にする　050

21 コマ調整会議―負担を減らし不満の芽を摘む　052

22 三役会―現場の声を管理職に届ける　054

23 2ヶ月先まで予定を見通すことで全員に余裕が生まれる　056

24 会議をできるだけ時間割に組み込む　058

25 時間を意識させる　060

26 会議前から会議を始める　062

27 ペーパーレスで費用も時間も減らす　064

Column 時間管理にもっと敏感になる　066

第4章
授業計画と評価

28 カリキュラムマネジメントの基礎を理解する　068

29 引き算の発想で学校行事を精選する　070

30 まずは年間授業時数を算出する　072

31 週授業時数は柔軟に割り振る　074

32 職務を考慮して授業時数を配分する　076

33 非常勤講師との連携は密にとる　078

34 試験監督の割り振りを工夫する　080

35 学校全体で評価方法の共通理解を図る　082

36 学校評価アンケートを教育課程に生かす　084

Column 教育課程のリーダーとして自ら研鑽を積む　086

第5章
書類の作成と管理

37 緊急度と重要性の視点で優先順位をつける　088

38 カテゴライズとナンバリングを施す　090

39 Excel の関数を味方につける　092

40 徹底した方法の下で管理と保管にあたる　094

41 指導要録―公文書として丁重に扱う　096

42 出席簿①―校内で書き方を統一する　098

43 出席簿②―校務支援システムを使いこなす　100

44 通知表①―担当者とスケジュールを明確にする　102

45 通知表②―入力方法と記載内容を明確にする　104

46 転入手続き―いつでも迎え入れられる準備をする　106

47 転出手続き―漏れなくスムーズに進める　108

48 卒業生台帳―永年管理のため慎重に保管する　110

49 学校受付文書―確実に文書受付し，信頼を保つ　112

50 学年会計―正確性と透明性を担保する　114

51 教科書給与と補助教材―法令を理解し管理を徹底する　116

Column 仕事はサクサクやる　118

第6章
学校外との連携

52 PTA―4月を乗り切り流れをつくる　120

53 小学校との連携―義務教育9年間の見通しをもつ　122

54 学校だより・ホームページ―地域に学校を知ってもらう　124

55 コミュニティスクール―地域と力を合わせチームになる　126

第1章
教務主任の役割

01 教務主任の位置づけを知る

> 校内的にも校外的にも，校長・教頭に次ぐ要職。
> 教諭の立場で拝命される主任職の1つで，学校の万屋でもある。
> それまでの経験とクロスさせていけば何とかなる。

拝命の流れ

　人事異動の内示は3月中旬，公式の校内人事については4月1日に発表の流れとなります。ただ実際には，2月後半くらいから学校長より打診があり，少しずつ動き出すことになります。現実的に，次年度の教務主任が決まっていないと，4月以降の計画立案ができず，その他の校内人事も決まらないので，次年度の動きがとりづらくなってしまうからです。

　教務主任は，その学校の万屋ともなる存在なので，当該勤務校の経験が数年はある，その学校のことをよく知っている，学年主任等で企画調整会議に出席したことがあるなど，ある程度その学校でキャリアがある，教務主任の職を担えるだけの経験があることが任命の前提条件となります。職務経験がなければ，万屋にはまずなれません。その上で，学校全体を俯瞰して見る力があることもポイントです。いずれ管理職になることを期待する観点から管理職が人選していることも少なくありません。実際，京都府などでは，管理職選考試験で教務主任歴が受験資格になっています。

　　参考：文部科学省「令和4年度公立学校教職員の人事行政状況調査について」資料5-7

教務主任の法的な職務内容

　教務主任の打診の話があると，表面的な動きは知っていても，仕事の内容

を正確には把握していないので不安になるでしょう。まずは，教務主任の見えている仕事から想像し始めるとよいと思います。教務主任の職務は充て職ですので，管理職ではなく教諭として学校長より拝命されます。

> 教務主任は，校長の監督を受け，教育計画の立案その他の教務に関する事項について連絡調整及び指導，助言に当たる。
>
> 「学校教育法施行規則」第44条第4項（第79条準用）

　参考に，文部科学省「平成29年10月20日　学校における働き方改革特別部会（第6回）資料5-2」を見てみましょう。教務部長として教務部の全体の責任をもち，「教育課程　年間指導計画　週計画・月計画・年間計画　週案　日課表　時間割　諸検査　評価・評定　教育実習　学校評価」では主任の役割となっています。その他，「総務委員会・教務委員会・少人数指導・小中連携・学校ホームページ・教育相談」などの分掌も担当します。地域や学校によって違いがあるので，自校の分掌をまずは確認しましょう。

　職務内容の全体像をつかむことで，何をすべきか，何を進めていくべきかが少しずつ見えてきます。実質的には，それまでに職務として関わっている内容が多く，その守備範囲を広げるようなイメージでよいと思います。例えば，年間指導計画について言えば，自分自身の教科・分掌で計画していたものが，他教科や他領域などにも広がるということです。

　昨年度の4月後半や5月初旬の職員会議での記録があるはずですから，全体を掌握できる資料をチェックしましょう。大規模校の学年教務であれば，学年時間割の組み方を経験しておくと，教務業務に強くなります。

まずは前年度の資料を読み込み，仕事内容を確認する。
過去の自分の仕事とのつながりで，見える仕事から取り掛かる。

02 学校全体の授業の質を上げる

授業を担当する教務主任と担当しない教務主任，自分はどっち？
授業を担当する教務主任は，積極的に授業を公開する。
他教科や学年の話にも耳を立て，首を突っ込む。

授業について

　授業は生徒と直接触れ合える大切な機会であり，その授業でどのような力を身に付けさせるのかは，学校全体の教育課程の質の向上にも関わってきます。教育課程遂行の中心的な存在である教務主任が授業を磨き，実践することで同僚へと感化を与えることができます。その姿勢は，学校全体の教育課程の質の向上にもつながります。日頃から積極的に授業を公開したり，自ら研究授業を引き受けたりします。授業から教育課程の質を上げていく雰囲気が学校中に醸成していけたらよいと考えます。

授業をもつか否か

　教務主任には，「授業をもつ教務主任」と「授業をもたない教務主任」がいます。
〇授業をもつ教務主任
　授業で，学校として研究していることを研究主任とともに実践する姿を見せていくことが一番です。
　授業を行うには，それなりに準備を伴いますので，他の業務とのバランスが重要になります。教務主任とひと口に言っても，置かれた状況はそれぞれ異なりますから，勤務する学校の教務主任には，どのような仕事があるのか，

明確にとらえることが大事です。特に授業を担当している場合は，職務のマネジメントをするためにも管理職と協働し，相談しながら調整していきます。教務主任の職務内容を自分自身の中で明確にしておかないと，そのうち苦しくなって，疲弊していくので要注意です。

○授業をもたない教務主任

筆者自身は，教務主任を担っていた時，他の役割や分掌との兼ね合いで，授業は全くもっていませんでした。ですので，生徒と直接関わりをもつことはあまりなかったです。ただ，職員室で先生方が授業の話をしている際に，積極的に関わりをもち，どのようにすればよりよい授業をつくることができるのかなどしょっちゅう首を突っ込んでいました。

校内で研究授業を行う場合は，研究の目的を共有するように心得ながら，他教科の部会や授業の話や若手の先生方の話に積極的に入りましょう。意見を出し合いながら授業の質をそれぞれが高めていける土壌をつくることを意識します。異なる教科同士が共通点を見つけたり協力し合いながら，授業力を高めていき，疑問を解いたり，課題を見出したりする，そんな環境を目指します。そのことが，生徒たちの力に結びついていくでしょう。

学級担任から外れ，学年にも所属しない教務主任は，生徒と関わることが極端に少なくなり，生徒理解が鈍くなっていきます。授業は生徒理解を基本としていますから，職員室で周りの教職員の学年や学級の生徒の様子を話す姿に注目し，生徒理解を怠らないようにしましょう。生徒理解を教育課程に反映させられるようにできるとなおよいです。

何より授業。授業で勝負するのは教務主任も同じ。
よりよい教育課程は，授業をよりよくするところから始まる。教科が違っても，些細なことでも，同僚が職員室でしている授業の話に入り込み，学校全体の教育課程の質を上げるのが教務主任。

03 職員室の学級委員長として動く

- 教務主任とは，学級委員長のようなもの。
- 職員室の動きを視覚化する。
- 教務主任は，異動したての人の味方になる。

職員室のリーダーとして

　教務主任のイメージは，職員室の学級委員長のようなものです。担任は管理職，学級委員長は教務主任，その他の主任職は班長といったところです。

　職員室の自治的な運営のためには，主任職（班長）を束ねていくことが必要です。管理職（担任）からの期待や命を班長に具体的に伝え，どのような動きをとればよいのかを明確にし，職員室運営を行います。学校教育目標を指針としながらも，行うべきこと一つ一つを具体化できるよう工夫し，職員室の動きを見守っていきます。

　仕事の進捗状況が見えやすい職員室運営をしていきたいものです。

教務主任に求められる動き

　年度当初は特に具備すべき書類やデータの作成などがたくさんあります。それを各学年，各分掌の長の先生とともに作成していかなくてはなりません。

　何を作成してほしいのか，いつまでに作成するのかを明確にしておく必要があります。それを「なぜ」作成しなければならないのかを伝えることがポイントだと考えています。例えば，教育活動が計画的に見通しをもって進められること，法令上学校に具備しておかなくてはならないものだということ，教育委員会に提出する必要があること，などです。

中には書類やデータを作成することに意味を見出せない方もいますが，仕事として必要なことを伝え，作成するように伝えます。そんな時に手助けすることは必要ですし，その方の不安も和らぎますが，教務主任が代わりにやってしまうと，やってもらえると思われるので注意が必要です。
　最終的には，教育課程上のものなど，大半は教務主任が確認することになるので，自分自身が確認できる日を目安にしながら締め切りを設定します。
　年度当初に配布した資料等に締切日を示したため，期日までには担当者が作成すると考えていた書類が，実際には期日までに作成されず，提出されないという経験をしたことがあります。主任もそれぞれ忙しいので，忘れてしまうのです。どうすれば作成してもらえるのかと悩みましたが，それぞれの主任に声かけをすることでかなり状況は改善されました。基本は声かけです。

異動してきた人の身近な存在に

　異動してきたばかりの先生や若手の先生は，勤務校のことがよくわかりません。市区町村をまたぐ異動をする場合はシステムが大きく違うこともあります。異動してきた先生方は学校のことを一番よく知っている教務主任をまず頼ります。ただ，人間関係ができていない状態では，話しかけづらくもあります。だからこそ，教務主任は自らコミュニケーションをとりにいく必要があります。年度当初の慌ただしい中ではありますが，すぐに話ができる人がいる，質問しやすい人がいることは重要です。異動された方の不安を取り除き，スムーズに学校に馴染んでもらえるようにすることも教務主任の仕事です。

書類やデータの提出は，見える化して全体に示し，締切日を守ってもらえるよう丁寧に全体に声かけをする。
異動してきた先生には，安心して仕事をしてもらえるよう自ら声をかける。

04 職員室の顔としての自覚をもつ

電話の内線番号や短縮番号を覚えておくと便利。
普段から，言葉遣い・身だしなみに気を遣おう。
電話や来客対応でも，まずは，気持ちのよい挨拶を。

校外の方と関わる第一線に

　職員室には，学校関係者が来校することが多くあります。外部講師や保護者，地域の方などが訪ねてきます。その時に対応を行うことになるのが，教務主任です。電話の応対についても，教務主任が受けることが多く，そこから管理職や学年，担任につなげます。校長への電話は多いので，校長室の内線番号は早めに覚えるとよいです。

　校外の方と関わる機会が多くなるので，今まで以上に言動や身だしなみに気を配る必要があります。教務主任の最初の言動や行動がその学校の印象となることは大いにあり得ます。職員室の顔としての意識をもちましょう。

　筆者が職員室の顔として，特に意識していたのは以下の２つです。

　１つ目は，外部講師への対応です。学校では，総合的な学習の時間や学級活動の時間，時には教科の時間に外部講師の力を借り，授業を行うことがよくあります。授業当日は，事前の打ち合わせで確認していたことを再度確認します。特に，授業時間と内容は入念に確認をしていました。講師に話をしていただく授業の時間（１コマ50分）は，生徒との時間の約束事です。この授業の時間は教員も生徒もそれぞれ厳守することが，お互いの信頼関係にもつながります。生徒もその時間内で一生懸命何かを得ようとしています。この予定した時間内に終えるように丁寧にお願いをします。

事前に，その内容で特に重点的に伝えたいことなどを伺い，事前指導や授業などで，その講演の時間に系統性をもたせると，生徒にもわかりやすいものになるので，お互いの充実度が上がります。毎年来ていただく講師には，年度が替わり生徒の様子が変わると，生徒に合わせて伝え方を変えていただいた方がよいこともあったので，昨年度の内容を少し変えていただけるかなどを含めて事前調整も行っていました。

　筆者自身は，月に1回，学校だよりの執筆を担当していたので，外部講師の話される内容を丁寧に確認し，講演を聴くことで，学校だよりを通じて地域や保護者の方へ，講師が講演で何を行ったのか，何のために行ったのかを，詳しく伝えることができたように思います。

　2つ目は，業者の方への対応です。教科教材や備品関係など様々な方が出入りします。業者の方と積極的にコミュニケーションをとり，来校の目的を把握し，教務主任で対応が可能なことであれば代わりに行います。こうした業者が何の目的で来校されているのかがわかっていれば，担当の教員を呼ぶまでもなくなり，教務主任が対応することも可能です。担当の教員を呼びに行く時間を減らすことができ，呼び出される教員の負担も減ります。働き方改革に少しでも貢献できるのです。

　業者の方と顔馴染みになると，何か必要な物品が生じれば，こちらからもいろいろとお願いしやすくもなり，学校にとってよいものがあれば教えてもらったりすることもできます。

- よく使う内線番号は早く覚える。
- 今まで以上に，言動や身だしなみに気を配る。
- 外部講師との打ち合わせは綿密に行う。
- 出入りの業者さんとは，積極的にコミュニケーションをとる。

05 管理職と現場をつなぐ

> よい意味で，管理職と現場との板挟みになろう。
> 現場の声を管理職に。管理職の声を現場に。
> 言い方や伝え方を考えて，積極的な姿勢でつなぐ。

管理職から現場へ

　企画調整会議や職員会議の冒頭では，管理職からの指示事項があります。最近では働き方改革やハラスメント関係の案件が増えてきました。

　こうした指示事項は非常に重要で，特に有事の際には，市区町村として行動を共有していくという意味も含まれています。ただ，どうしても管理職からの一方通行になりがちで，時に教員との温度差もあり，学校教育活動が一致したものにならないこともあります。管理職の指示が不明瞭なものになるとその意図や意味が理解できず，組織に不協和音が生じることもあります。

　この時に活躍を求められるのが教務主任です。現場に届きやすいように三役会議（校長・教頭・教務主任で行う会議，校長会や教頭会の後に行うことが多い）で，職務遂行の意味や必要性など，管理職と指示事項について丁寧に確認します。その上で，同僚教員にかみ砕いて説明をします。時には，納得できていない同僚に，個々に話をし，納得できるまで解を探していくこともあります。指示事項の本質を理解してもらえるよう指導・助言をし，協和するよう導いていくのが教務主任の仕事です。

　管理職から教務主任に対して，教員への指導を促されることもあります。各学年や各分掌の進捗状況が年間の計画に照らし合わせて進んでいるのかなどです。都道府県の指定を受けて，学校全体で研究していることなどがあれ

ばなおさらです。管理職が直接進言する場合もありますが，教務主任を通して，行うことはよくあります。

現場から管理職へ

　生徒に力を付けさせるために，学年や校務分掌の中で日々アイデアが考えられています。時には，年度途中でも，よいものがあれば調整して変更することもあります。例えば，学年で新しい取組を行いたい，分掌として生徒の力を付けるにはこのようなことをしたらよい，そのために適した講師がいるのか……などです。その際に，まず相談を受けるのが教務主任です。

　なぜなら，教務主任は，教育課程の編成や計画を把握しており，新しいものが組み込めるか，授業時数が合致するかなど，取組を具体化するために，必要なことを確認し，進められるからです。教員の意見を拾い上げたり，自分で調べたりして，管理職に先に情報を伝えることもできます。

　反対に，系統的でない計画や今後継続できそうにない計画が上がってくると，そうした計画は取り組めない可能性があるということも伝える必要があります。それらをふまえて，三役会議の中で，学年や分掌の取組について事前に伝え，事がスムーズに進むようにしていきます。

　日々のアイデアについて，組織としては，意見を言える・聞ける場所を設け（職員会議等），その場面で発言するということが大切です。ただし，職員室で声の大きい人，関係性のある特定の人，あるいは先に言った人だけが「言った者勝ち」になるということが起きないとも限りません。そうしたことを避けるためにも，教務主任が窓口となって調整するなど，意識的に行動する必要があるでしょう。

管理職の意向は噛み砕いて，みんなに理解が得られるよう伝える。
現場に充満する不満や意向は，整理して管理職に伝える。

第1章　教務主任の役割　017

06 教員同士をつなぐ

> 教務主任は、教職員のつなぎ役になろう！
> 同僚性の向上は、生徒集団の雰囲気の向上につながる。
> 他愛のない、けれど意味ある雑談を積極的にしていこう。

教員同士のつながりを

　職員室の雰囲気が，そのまま生徒集団の雰囲気だと言われることがよくあります。教員同士が楽しく働くことができていれば，生徒も楽しく学習する集団になるということです。教員同士の雰囲気がよいと，しんどくなって休む教員も減ります。教員集団の同僚性を向上させるためにも，教務主任は個々の教員同士をつなげていく必要があります。

コミュニティのつくり方

　雰囲気のよい職員室コミュニティをつくるには，同僚をよく観察して，些細なことを話題にしながら話す機会を探ります。教科が同じ，担当する学年が同じ，年齢が近い，異動した者同士，趣味など，あらゆる観点から共通点を見つけて，話せる場を設定し，人間関係を構築する機会を生み出すようにしていきます。

　筆者自身は，教科部会に重きを置いていましたので，その経験をお伝えします。部会は短時間で行い，定期的に開催できるようにしていました。授業に関するものが，部会の主な話題や内容です。授業は，教員にとって一番重要な仕事だからです。

　例えば，3年間系統性をもった授業を行うにはどうすればよいか，授業進

度や定期考査の内容をどうするか，評価はどのように行うかなどです。新任の先生が，経験の豊富な先生から教えてもらったりもしますが，経験年数に関係なく授業について吟味できるので，多様な考えの交流となります。

　１つの授業を１人で考えるのではなく，教科担当者全員で考えていくことには意味があります。教員によってそれぞれに考えやアイデアがあり，それを共有し自分の授業に生かしていくと，各教員にとってもより充実したものになるからです。教科担当の中でよいサイクルができることを期待して実施しました。

　研究授業や公開授業がある時も，担当者だけでなく，教科部会を発展させ，他教科も交えて部会を立ち上げ，みんなで考えるようにしました。ともに考えた授業であれば，当事者意識も高まり，お互いの授業力も教科を超えて磨き上げられていくからです。これは，教科横断的な視点からも大切だと考えています。研究授業や公開授業は，現場としては少し負荷がかかるかもしれません。しかし，だからこそどうせやるなら，何かを得られるように前向きにしていきたいと考えています。

　こうした教科部会を地道に行っていくことで，場を設定せずとも，職員室での他愛のない会話の中に，授業に関する話が少しずつ出てくるようになり，教科としてのつながりが見られることが多くなりました。

　中学校では教科によって専門性が違うため，溝ができることもありますが，授業見学をしながら生徒について話をすれば，意外と教員同士はつながります。そうした場をできるだけ多く設定し，職員室での会話を拾って，教員同士をつなげていけるかどうかが，教務主任の腕の見せ所でもあります。

裏方として教員同士をつなげられるよう，職員室では聞き耳を立てておく。
つながりそうな教員同士を，機会を見つけて日常でサラッとつなぐ。

第１章　教務主任の役割　019

07 教頭と連携を図る

- 教頭とコミュニケーションをとり，仕事内容を把握する。
- 教務主任経験のある教頭は多いため，頼りになることが多い。
- 教頭に相談し，学ぶ姿勢をもとう。

教頭とは

教頭は，校長（副校長を置く小学校にあつては，校長及び副校長）を助け，校務を整理し，及び必要に応じ児童の教育をつかさどる。

「学校教育法」第37条第7項（第49条準用）

　教頭は，管理職選考試験を受け，合格したのち，人事で任命されます。職務内容は，校長を助ける補佐役です。校務分掌のとりまとめ，連絡事務，学校運営に関わる企画立案を行います。時に，校長に代わり，物事を決定することもあります。

　教務主任と教頭との違いは，役職です。教頭は管理職ですが，教務主任は教諭です。教務主任からすると，教頭は上司ということになります。教頭は，校長の目指す学校教育を遂行するために指示・命令を出すことができますが，教務主任は，連絡・調整，指導・助言はできますが，指示・命令を出すことはできません。

　教頭と教務主任は，職務についての相談をよく行います。多くの学校で，教務主任の隣には教頭がいることでしょう。立場は違いますが，学校教育目標の達成に向けて校務分掌の在り方や学校経営を考え，カリキュラムマネジ

メントについて連携を密にとっていく必要があります。

　教頭の職務と教務主任の職務は重なる部分があります。そのため，すべきことの内容をお互いが確認し，それぞれの仕事内容を明確に把握します。それによって，教務主任は何を行う必要があるのか，いつまでに行う必要があるのかいうことがわかり，計画を立てて職務を遂行することができます。

教頭から得られる学び

　筆者は，教務主任の３年間で３人の教頭と職務を行いました。１人目は，教頭２年目の方で，前任は教務主任です。教務主任が行うべきことを指示・命令し，職務の割り振りを明確に行ってくれたので，非常に助けられました。２人目は，教頭職が初めての方で，筆者の１つ前の教務主任でした。その方自身が教務主任の時に行っていた職務を教えてくれたので，前年度に増して教務主任の動き方がわかるようになり，網羅的に教務主任の職務を行うことができるようになりました。３人目は，校区内の小学校から異動してきた教頭で，中学校の事情もご存じの方でした。筆者自身が教務主任３年目ということもあり，多くの仕事を任せていただき，思い切って職務に専念することができました。

　１人目からは職務を明確にすること，２人目からは教育課程に関する詳細な部分を理解すること，３人目からは小学校の視点も交えた教育課程を遂行することを学びました。３名の教頭の視点がそれぞれ違うことが，筆者の教務主任としての力量を高めてくれたのです。３人の違う教頭と仕事をすることで，教務主任としての信念や柔軟性のようなものが育ったように思います。

教頭に自ら話を聞きに行き，たくさん話をして教頭から学ぶ。
教頭と話をすることを通して，自分のやるべき仕事を明確にする。
組む管理職が毎年変わっても，それによって多様なことが学べる。

第１章　教務主任の役割　021

08 生徒指導主事と連携を図る

> 生徒指導主事と教務主任は，学校をまわすキーパーソン！
> 普段から綿密な連携をしていこう。
> 何かあればすぐに動けるように，生徒指導情報を常に共有する。

生徒指導主事とは

生徒指導主事は，校長の監督を受け，生徒指導に関する事項をつかさどり，当該事項について連絡調整及び指導，助言に当たる。

「学校教育法施行規則」第70条第4項

　生徒指導主事は，充て職で中学校には置かれることになっています。教務主任との職務の違いは，教務主任は枠組みづくりをする，生徒指導主事は実践をするというイメージでよいでしょう。

　生徒指導は，「児童生徒が，社会の中で自分らしく生きることができる存在へと，自発的・主体的に成長や発達する過程を支える教育活動のことである。なお，生徒指導上の課題に対応するために，必要に応じて指導や援助を行う」と生徒指導提要（改訂版）で定義されています。生徒指導主事は，学校教育目標の下，生徒に自己指導能力を身に付け，向上させるための学校の中心的な存在です。生徒指導は，階層に分けた際，2軸3類4層に分かれます。第1・2層はプロアクティブな生徒指導です。生徒全体の自己指導能力向上のために，教職員全体に指導・援助を行います。第3・4層はリアクティブな生徒指導です。個別対応や組織的な対応が求められることが多いので，

管理職や関係機関，SC，SSWなどと協働していくことが多いです。
　個々の生徒理解を基に，全体の生徒指導が機能するようにしていきます。その際に，課題（プラスもマイナスも）を明確にし，その課題解決に向けてどのようなことが必要かを教務主任と考えていきます。

同じ方向を向いて対応を

　筆者は，教務主任の3年間で2人の生徒指導主事と職務を行いました。1人は，生徒指導と言えばこの方というような方でした。リアクティブな生徒指導に長けている方で，校内で起こりうる第3・4層の個別対応の方針や手立て，外部機関や関係機関とのつながり，連絡調整などの動きを明確に行っていました。教務主任は外部から電話連絡を受けることが多いので，どこの外部機関とつながっているかを把握し，生徒指導主事とは連携を密にしていました。特に緊急性の高い事案についてはすぐに動くことができるように，管理職とも確認をしていました。もう1人は，プロアクティブな生徒指導に長けている方でした。今，中学生に必要とされていることは何か，そのために必要なのはどのような生徒指導かを考え，教職員に常に伝えていました。

　2名の生徒指導主事は，タイプもアプローチの仕方もそれぞれ違いましたが，学校に必要な生徒指導は何かを常に考えていました。こうした考えの下，必要なカリキュラムは何かということを，教務主任である筆者とともに考え，具体的に何をするのかということを常々話し合っていました。こうした積み重ねが日頃の生徒のよい教育活動につながっていくと考えています。

参考：文部科学省「生徒指導提要(改訂版)」(令和4年12月)　定義p.12　2軸3類4層p.17-23

とにかく頻繁に生徒指導主事と話をして，緊急対応時にも齟齬が出ないようにする。
教務主任も，生徒指導上必要となる外部連携機関は把握しておく。

第1章　教務主任の役割　023

09 学年主任と連携を図る

生徒の様子だけでなく，教員の様子も知る学年主任と交流する。学年の想いやそのために学年としてやりたいことを日頃から聞く。主任会の中では組織運営のための建設的な話を心がけよう。

学年主任とは

学年主任は，校長の監督を受け，当該学年の教育活動に関する事項について連絡調整及び指導，助言に当たる。

「学校教育法施行規則」第44条第5項（第79条準用）

　学年主任は充て職であり，学校に必ず置かなければなりません。学校教育目標の下，学年を運営していくのが学年主任です。担当学年の教員と学年会を組織し，運営します。学年の校務分掌も適切に考え，割り振り，学年経営が円滑に進むような組織づくりを行います。さらには，当該学年の特別活動やそれに伴う渉外なども取り仕切ります。

　教務主任との職務の違いのイメージは，教務主任は学校の枠組みづくり，学年主任は当該学年での実践を通した質の担保といったところです。

主任会でつながりを

　筆者の経験では，週に1度，主任会を行い，各学年の運営や計画について確認していました。主任会のメンバーは，校長・教頭・生徒指導主事・各学年主任です。この主任会を教務主任が運営していました。

主任会で大切にすることは，なぜこの会を行っているのかという目的意識を明確にすることです。こうした主任が集まる場では，ややもすると，各学年の生徒情報の交流だけ，生徒指導上の課題の共有だけで終わってしまうことがあります。主任会は主任会でしか確認できないこと，学校全体の運営に関わることを中心に話を進めるべきです。

　その１つ目は管理職からの連絡・確認事項を基に具体的に調整することです。各学年が実際の動きをつくっていけるようにします。２つ目は予定の再確認です。例えば，当該学年が外部講師を呼び，授業を行う時などは特に注意します。直接関係する学年以外にはその意識がないことが多いので，どなたが来られるのか，どの教室を使うのか，どこが控え室になるのか，何時まで行うのかなど，学校として外部講師を呼んでいることを再確認し，他学年とも連携して動くようにします。３つ目は儀式的行事や三者面談の時の特別校時の時間帯の確認です。授業は何時から何時，放課後の部活動は何時，最終下校は何時などです。４つ目は，新しい取組を考えている時に，主任として協議することです。新しい提案は必要なことですが，学校全体の教育活動を意識しないと，取組だけが増えて，ビルド＆ビルドの状況に陥ります。多くの行事や取組をすでに行っており，教育効果があまり見込まれない場合は，取り組まないという選択肢も伝えるようにします。年度の半ばに差し掛かれば，来年度の年間計画案を出し，確認することもします。

　教務主任を中心に，主任会で学校運営に関する連絡調整を確実に行うことで，他学年の動きも見えやすくなり，それが当該学年の運営をスムーズにすることにつながります。

> 教務主任は，３つの学年の学年主任のリーダーであるというイメージをもって職務にあたる。
> それぞれの学年主任に任せたままにせず，学校として丁寧に整える。

第１章　教務主任の役割　025

10 スムーズに引き継ぐ

教務の仕事は多岐にわたり，これまでの教員の仕事とは異なる。
学校には，必ず，今までの学校としての「積み上げ」がある。
どのようにすれば，スムーズに仕事を引き継げるか？

積み上げたデータこそ財産

　学校は組織であり，その運営に関しては，今までの積み上げ（資料）が存在します。年間行事や授業時数などの教育課程も，前年度のうちに大半が決定されています。

　新しく教務主任に命じられるのは，多くの場合は前任の教務主任の異動に伴うものでしょう。そのため，引き継ぎの時間は，長くはありません。

　はじめに行うのは，どこに何の資料があるかを把握することです。そして，教務の仕事の全体像を押さえることが大切です。

優先順位を間違えずに

　前任者がいない場合や，引き継ぎ資料が不十分な場合には，以下のステップで考えるとよいでしょう。

1．優先度の高い資料の確認

　　職員会議資料を全て一から読むのは時間がかかるため，まずは「分掌の手引き書」や「担当ごとの月間スケジュール表」があれば，それを把握するのがよいでしょう。これらの資料は，日々の業務や重要なスケジュールを理解するのに役立ちます。

2．職員会議資料の確認
　　基本的な資料を理解した後に，職員会議資料を読むことで，全体の業務の流れをより効率的に把握することができます。
3．資料の作成
　　「分掌の手引き書」や「月間スケジュール表」がない場合は，自分で作成することを目指しましょう。1年間かけてこれらの資料を作成し，更新を行うことで，次の引き継ぎが円滑に進むようになります。資料を作成することで，重複する業務にも気づき，業務の改善にもつながります。
4．継続的な更新
　　一度作成した資料は，定期的に更新を行い，常に最新の情報を反映させるようにしましょう。これにより，次回以降の引き継ぎがよりスムーズに行われます。

13：【教務・連携グループ】
＜教務・連携グループ長（教務一般・行事予定/時間割管理/諸帳簿管理）＞
・年間指導計画，指導目標を作成する。
・教育課程全般に関わる事項の検討と運営を行う。
・グループ内の各担当が仕事分担をし，組織的に機能するよう各担当に指導助言を行う。
・企画会議を計画的かつ能率よく行うため，各部門と日常的に連携する。特に，学活・総合・道徳担当との打ち合わせを綿密に行う。
・年間指導計画，指導目標を作成し，計画的な運営を行う。
・当該年度の年間計画に基づき，毎月の行事予定を作成する。年間計画は状況に応じて校長の許可を得て変更する。（毎月の行事予定は3か月スパンで作成し，教務が見通しを持つとともに各担当にも見通しを持たせる。）
・授業時数カウントを行う。特に，教科時数カウントは教科担任自身の自己管理をベースとし，100％の実施率を達成する。（3年は95〜97％を目指す）
・次年度の教育課程の骨格を管理職と相談して作成する。（学校教育目標を具現化する方策，教科配当人員とTT少人数の持ち方，年間行事配列等）

分掌の手引き書の例

自分が教務主任として残すデータは，次の人に引き継ぐ。
データを整理すると，自分の頭も整理できる。
引き継ぎの時間がないのは普通。それに備えてデータを残す。

第1章　教務主任の役割　027

Column

誰でも最初は，「はじめて」教務主任になる

　どんな人でも教務主任の最初は「はじめて」教務主任になります。ある先生は，はじめて教務主任になった時に疲れ切って，「これまでとは別の仕事をしている気がする。自分が無能に思える」とこぼしました。

　教務主任という新しい仕事を任されると，誰でも緊張しますし，ミスして恥をかきたくないと思っても仕方がありません。でもその向き合い方，つまりスタンスはすぐに変えた方がよいかもしれません。

　どう変えたらよいのでしょうか。怖れずに人に聞くことです。前任者がいればそれが最も手っ取り早いですし，教頭や校長もおそらく教務主任を経験したことがあるでしょうから，そうした方々に聞くのもよいです。確かに，以前の資料を見て理解することも大事ですが，資料だけでは読み取れないところもありますし，経験者に聞いた方が早く理解できることもあります。

　人に聞くという行為は，実は人に援助を求める行為ともいえます。人に聞けば，その方が教えてくれます。人は頼られれば，何とかその人を助けようと思います。そうした援助要請能力が高い人は，人を巻き込み，いろいろなことを教えてもらうことができるので，結局，よりよく仕事ができるようになります。反対に，自分だけで何とかしようとして，援助要請をしない人は，周りの方が，助けを求めていることにすら気づくことはありませんから，助けてもらえる機会が少ないですし，仕事の幅も広がっていきません。

　これは，教務主任だけでなく，全ての仕事に通じていえることです。仮にもともとの能力がそれほど高くないとしても，自分の弱さを曝け出して自己開示し，人に助けを請い，人を巻き込むことができる人は，そうでない方よりも周りからたくさんの益が得られます。

　教務主任という新たな職を怖れることなく，人に聞きながら1つずつ取り組んでみましょう。周りに相談し，耳を傾ければ，道は自ずと開けます。

第2章
年間の予定と行事

11 年間予定表
―Excel で効率的に作成する

年間計画を立てるまでが仕事ではない。
とはいえ，作成する書類は大量にある。
作業の無駄が生じないよう，Excel を活用して効率的に行おう。

配布用の資料はリンクを活用

　教務主任は，月間予定表，年間予定表や教育課程報告書など，様々な書類を作成しなければなりません。効率的に作業を行うために，Excel を活用していきましょう。

　年間予定表には，学校行事，授業計画，休暇日程，会議日程や定期試験の日程などを含みます。職員用と配布用の内容は異なるため，下の式を使い，右ページに示すように２種類のシートをリンクさせると便利です。

> =IF（職員用 !C11=0,"",職員用 !C11)
> 職員用のシートに何もない場合は「空白」とする

　職員用のシートは２行構成とし，【上段】には配布用にも伝える内容を入力し，【下段】には職員のみに伝える内容を入力します。

　配布用のシートには，職員用のシートの【上段】に記載した内容が自動的に入るようにすることで，２つの書類を同時につくることができます。

年間行事表は生徒配布用と職員配布用の２つのシートをリンクさせる

令和○年度（○○年度）　○○中学校 年間計画（職員用）【案】

	4月		5月		6月		7月
1木	グループ分掌会議/企画調整会議/職員会議	1土		1火	春の教育相談月間	1木	校内研究授業③（5h）
2金	学年会（新学期準備）	2日		2水	小中一貫情報交換会	2金	地域連携防災デー
3土	学年会/入学式準備/新学期準備	3月	【憲法記念日】	3木		3土	
4日		4火	【みどりの日】	4金		4日	
5月	着任式・始業式・入学式	5水	【こどもの日】	5土		5月	グループ会議
6火	学級写真撮影・新入生オリエンテーション	6木		6日		6火	支援教育委員会
7水	教科総会	7金		7月	教育実習（～6/25）グループ会議	7水	
8木		8土		8火	支援教育委員会	8木	教材研究日
9金		9日		9水		9金	企画調整会議（8月修正分）
10土		10月	生徒総会 グループ会議	10木	校内研究授業②（5h）	10土	
11日		11火	前期中間試験①	11金		11日	
12月	グループ会議	12水	前期中間試験②	12土		12月	
13火	支援教育委員会	13木	校内研究授業①（5h）	13日		13火	
14水		14金	心臓検診（1年）企画調整会議 6月修正分	14月	企画調整会議（6月分）	14水	三者面談（全学年）
15木	企画調整会議（年間計画/5・6月分）	15土		15火		15木	三者面談（全学年）

Excelの下段は配布用の年間計画には反映されないようになっている

令和○年度（○○年度）　○○中学校 年間計画（配布用）

	4月		5月		6月		7月
1木		1土		1火	春の教育相談月間	1木	
2金		2日		2水		2金	地域連携防災デー
3土		3月	【憲法記念日】	3木		3土	
4日		4火	【みどりの日】	4金		4日	
5月	着任式・始業式・入学式	5水	【こどもの日】	5土		5月	
6火	学級写真撮影・新入生オリエンテーション	6木		6日		6火	
7水		7金		7月	教育実習（～6/25）	7水	
8木		8土		8火		8木	
9金		9日		9水		9金	
10土		10月	生徒総会	10木		10土	
11日		11火	前期中間試験①	11金		11日	
12月		12水	前期中間試験②	12土		12月	
13火		13木		13日		13火	
14水		14金	心臓検診（1年）	14月		14水	三者面談（全学年）
15木		15土		15火		15木	三者面談（全学年）

1つのExcelで，複数のシートをつくり，仕事を効率化する。Excelを使いこなせるかどうかは，教務主任の仕事ができるかどうかに大きく影響する。

第2章　年間の予定と行事　031

12 月間予定表
―見やすさ重視で作成する

月間予定表は毎月配布する。
みんなが見やすい予定表がよい。
読みやすくなる一工夫とは？

見やすい月間予定表に

　中学校の月間予定表は，学校行事や授業の計画，試験の日程などを整理し，生徒や保護者，教員に共有するための重要なツールです。変更が生じた場合は，迅速に更新することが求められます。

　月間予定表を作成するにあたっては，以下の点に注意し作成しましょう。

1. **視覚的にわかりやすいデザイン**

　　重要なイベントや期限には目立つ色や太字を使います。限られたスペースの中で，マークや記号は有効です。また，一工夫をすれば，よりよい予定表となります。例えば，「水」「木」は見分けがつかないことがあるため，「水」を「すい」と表記すれば，生徒が見間違うことがなくなります。

2. **カレンダー形式**

　　月間予定表をカレンダー形式で作成し，一目で全体の予定が把握できるようにします。また，各日のセルを大きめにして，必要な情報を書き込みやすくします。

3. **分類とカテゴリ**

　　予定をカテゴリ別（例：授業，会議，行事，締切）に分けます。

2024/6/30 22:03

令和○年（○○年）度　　６月　行事予定表　　　　○○市立○○中学校

日	曜	行事	日課	1	2	3	4	5	6	掃	終業	職員・ＰＴＡ関係	牛乳	パ弁	部
1	火	春の教育相談月間	50分	火①	火②	火③	火④	火⑤	火⑥		15:40	A　Sc	○	○	○
2	水		50分	すい①	すい②	すい③	すい④	学活		○	14:40 15:40		○	○	○
3	木		50分	木①	木②	木③	木④	木⑤			14:40	教材研	○	○	×
4	金	眼科検診 16:00 学級・専門委員会	50分	金①	金②	金③	金④	金⑤	総合		15:40	完全下校 18:00	○	○	○
5	土														
6	日														
7	月	教育実習（〜6/25）	50分	月①	月②	月③	月④	月⑤	道徳		15:40	16:10 グループ会議　B 完全下校　15:50	○	○	×
8	火	内科検診②	50分	火①	火②	火③	火④	火⑤	火⑥		15:40	16:10 支援教育委員会　Sc 完全下校 18:00	○	○	○
9	水		50分	すい①	すい②	すい③	すい④	すい⑤ 総合			14:40	完全下校 14:50	○	○	×
10	木	10:30 耳鼻科検診	45分	木①	木②	木③	木④	学活			14:20	6h 校内研究授業② 完全下校 14:30	○	○	○
11	金	尿検査③ 漢字検定①	50分	金①	金②	金③	金④	金⑤	総合 総合		15:40	完全下校 14:50	○	○	○

備考
【6月予定授業日数：22日】

7月の予定
三者面談（7/14〜16）学年別保護者説明会（7/1）
ピロリ菌検体提出（7/1）防災訓練（7/2）

○：掃除あり　　　　　　　　　　　　　部活　あり：○
簡：簡単清掃　　　　　　　　　　　一部ありor不規則：△
　　　　　　　　　　　　　　　　　　　　　部活　なし：×
Ｍ：市通送便（a=午前, p=午後）
登：登校支援相談員在校
Sc：スクールカウンセラー在校

重要な会議や学校行事は太字を使用

いつ更新したのかわかるように日付を入力

```
=COUNTIF($A$5:$R$85,"月①")
```

	E	F	G	H	I
	月1	4			
	月2	4			
	月3	4			
	月4	4			
	月5	4			

ExcelのCOUNTIF関数を活用することで，月間予定表の中で，授業カウントを行うことが可能に！
特定のコマが何コマあるかを素早く集計することもできる。

教務主任は，責任をもって月刊予定表を作成する。
予定表に間違いがあると，校内が大混乱になる。
予定表を見て勘違いする人が出ないように，見やすさを工夫する。

第２章　年間の予定と行事　033

13 校内研修
―緻密な計画で効果を上げる

教員は，絶えず研究と修養に努めなければならない。
多忙な中，モチベーションを上げてもらうには，どんな研修が？
緻密に計画を立てることで，より効果的な研修となる。

校内研修とは

　中学校で行われる校内研修は，教員のスキル向上や教育の質を高めるために重要です。教員間の協力や意見交換を促進し，効果的な研修となるよう計画を立てることが大半です。

　教育公務員には，日頃から研修に努める義務があります。

> 教育公務員は，その職責を遂行するために，絶えず研究と修養に努めなければならない。
> 教育公務員の任命権者は，教育公務員の研修について，それに要する施設，研修を奨励するための方途その他研修に関する計画を樹立し，その実施に努めなければならない。
>
> 「教育公務員特例法」第21条第1項・第2項

> 教育公務員には，研修を受ける機会が与えられなければならない。
>
> 「教育公務員特例法」第22条第1項

校内研修を行うにあたってどのような点に気をつけなければならないのでしょうか。ポイントは3つあります。

1．目的の明確化
　　　研修の目的を明確にし，参加する教員に理解させることが重要となります。目的が明確でないと，研修の効果が薄れてしまうことがあります。
2．ニーズの把握
　　　学校の状況や参加する教員のニーズを事前に把握しておくことが重要です。それに基づき，適切な内容や方法を選定します。
3．評価とフィードバック
　　　研修の成果を評価し，参加者にフィードバックする仕組みを整えることが大切です。評価し，フィードバックすることで，研修を改善したり，教員の成長を促したりすることができます。

スケジュールに応じた計画を

　効果的な研修となるよう計画を立てることが重要です。研修は年度当初に計画的に行えるよう組み立てるとよいです。必要に応じて研修を加えることも有効ですが，新たに設定する際には，日にちの設定を慎重に行いましょう。定期試験前や試験期間，学校行事の前などに設定すると，多忙感により，モチベーションが下がり，研修がかえってマイナスの効果をもたらす可能性があります。充実した研修を行うために，年間のスケジュール調整を行うことが大事です。

緻密に研修を計画するためには，教務主任自身が率先して広く学ぶ。教室をのぞいたり，教員の会話に耳をそばだてたりしていなければ，必要な研修が何かは見えてこない。

14 生徒会活動
―裏方として支える

> CHECK!
> 生徒会担当教員とは情報を共有し，年間の流れを確認しておこう。
> 必要があれば調整は厭わない姿勢が大事。
> 生徒会の多様な活動を，教務主任からも情報発信していこう。

生徒会活動とは

生徒会活動は，全校の生徒をもって組織する生徒会において，学校における自分たちの生活の充実・発展や学校生活の改善・向上を目指すために，生徒の立場から自発的，自治的に行われる活動である。生徒会活動は学年，学級を越えて全ての生徒から構成される集団での活動であり，異年齢の生徒同士で協力したり，よりよく交流したり，協働して目標の実現をしたりしようとする活動である。

「中学校学習指導要領解説　特別活動解説編」

特別活動のうち生徒会活動の時間として行います。これは，教科等時数の1015時間以外の数として数えます。生徒会活動には，生徒総会，生徒会選挙などがあります。

生徒会活動を支える裏方

年度はじめに，特別活動の担当教員と年間計画について打ち合わせます。前年度の段階で本年度の年間計画に組み込まれていることが多いですが，担当が替わることや行事などの時期がずれることもあるので，必ず確認します。

1学期（前期）は，生徒総会がメインの行事になります。生徒総会は，生徒会や生徒会の各委員会の目標・計画を質疑応答も交えながら，全校生徒と確認する機会です。この生徒総会までに，議案書に関する討議（生徒会等の活動案について，各クラスで質疑応答があるかの確認を行う）の時間を確保する必要があります。この議案書討議までに，各委員会は目標や年間計画を立てなければいけません。この議案書を作成するためにも，各クラスで委員の所属を決定する必要があります。こうした生徒総会に向けての動きを逆算して，月予定などを考えていく必要があります。特に，4月については，年度はじめでやることが多く，家庭訪問がある学校では放課後の時間が制限されます。特別活動の担当教員とともに，委員会担当教員，各学年教員とも連携をとり，実施時期や所要時間等を確認して行います。

　2学期（後期）は，生徒会選挙があります。この時の立候補は第1・2学年の生徒です。決まれば，生徒会選挙までの演説の機会を設けることなど，その時期や時間を確定させていきます。生徒が計画を立てやすくするためにも，教員の方でスムーズな生徒会活動ができるように裏方として働きます。

　年間を通して，生徒会，各委員会の取組，行事（特に文化発表会や体育大会）など，具体的な動きをつくるために，放課後に生徒を活動させることが多くあります。教務主任としても，生徒や教員がどのような動きをとっているのかを把握し，全体への周知をします。

　生徒会活動は学級活動や行事との兼ね合いが多いです。流れを頭に入れながら，年間計画を調整し，実行していくことが，スムーズな生徒会活動，学校運営へとつながっていきます。

生徒会活動の年間の予定を把握する。
行事の前に，生徒や教員が動けるように活動の時間を確保する。
行事等に向けて生徒や教員の動きを把握し，必要があれば調整する。

15 離任式・着任式
―滞りなく遂行する

教務主任が司会をすることもある。流れをキッチリ把握しておく。
時間管理に気を配り，式がうまく遂行できるように努めよう。
去る人も来る人も動きやすい体制を取ろう！

離任式とは

　教職員の辞令が公になるのは，4月1日です。その辞令をもって，次の学校へと異動となります。離任式は，勤務校を去る先生方との別れの場です。通常は4月1日に行いますが，3月末に行う学校（地域）もあります。その場合，儀式的行事の位置づけではありますが，春季休業中であるので，生徒が登校しても出欠は取りません。

　当日は，離任式が行われる体育館などに，校長が学校を去る教職員を率いて移動します。その後，異動者紹介，異動者挨拶，生徒代表挨拶，花束贈呈などの流れとなります。管理職が異動する場合は，教務主任が司会進行などを行うこともあります。

　生徒が別れを伝えに来ることも多いので，生徒の登校に備えて，教職員の担当の割り振りを行うようにします。基本的には，昨年度対応していた学年で生徒の指導を行うようにしておきます。卒業生が来校することもあるので，いろいろな先生で対応していけるように教職員を配置します。

　この時，すでに新年度が始まり，新しい体制がスタートしています。在籍者も異動者とともに動きやすくするために，タイムスケジュールに沿った進行を行います。特に，終わりの時間をきっちりと示しておくことは大事です。そうでないと，別れの時間が長引いていき，その日の会議等の時間がずれ込

むからです。終了の時間が近づいたら，放送で呼びかけるなどして，うまく次の動きへと促しましょう。

　離任式を行うかどうかについては，生徒に年度末の修了式などで伝えておきます。最近では，メールなどを利用して，学校から連絡をとることも多いので，それを用いて連絡することも可能です。

着任式とは

　着任式は，今年度から新しく勤務する先生方を，生徒へ紹介する学校行事です。儀式的行事に位置づけられ，1学期の始業式の前に行うことが多いです。1学期の始業式と合わせて，教務主任が校時表を作成します。

　基本的には，教頭が司会進行をすることが多いですが，教頭が異動した場合は，教務主任が行うこともあります。

　体育館等で，生徒の整列が完了すれば，校長が新転任の先生方を連れてきます。一人ひとり壇上に上がり，校長が異動者の紹介をした後，異動者挨拶，生徒代表挨拶，花束贈呈などを行うのが主な流れです。その後，教頭の司会進行の下，始業式を行うという流れになります。

　予定していた通りの時間に進むことも多いですが，式の進行上時間が前後することもあります。その場合は，その日の校時を素早く訂正する必要があります。式の進行具合を見ながら，その後の校時について管理職と確認を行い，各学年主任に打診をします。始業式が終わると，今後の校時について教職員や全校生徒に確認して，その日が滞りなく進むようにします。

離任式・着任式の段取りに手落ちがないよう着実に準備する。
着任式は，始業式の日でもあるため，落ち着きを重視し進める。
生徒や教職員に混乱が生じないようにそれぞれの動きが明確にわかる指示を出すとよい。

16 入学式
―よいスタートを切らせる

> わかりやすい式場図・必要な物リストで失敗のない運営を。
> 準備段階から，指揮命令系統をはっきりしておこう。
> 当日は，音響の役割が意外と重要。担当の先生と入念な確認を。

前日までの準備

　入学式については，年度はじめの職員会議で式場図やタイムテーブル，役割分担などをわかりやすく伝えるようにします。準備に時間をとられず，全員で動くためのキーポイントは式場図です。特に，式場図が明確で，準備を担当する教員が決まっていると前日準備もスムーズにいくのでとても重要です。

　式場図は，物の配置などを上面図で表したものです。舞台壇上に必要な物（国旗・市区町村旗・学校旗など），フロアに必用な物（椅子・机・お祝いメッセージを貼る場所など）が示されています。細かなところでは，新入生・保護者・来賓の椅子は何脚必要か，椅子の種類は分けるのかなども示します。

　式場図で必要な物を把握したら，どこに保管されているのかを確認します。年に1回のことですので，物がある場所および収納する場所を把握することも大切です。

　次に準備担当の役割を決めます。例えば，舞台壇上は第2学年の教員，フロアは第3学年の教員などです。BGM担当などは，情報機器に長けた教員にお願いすることが多いです。当日の音響を担当するので，BGM担当に関しては提案前に一声かけておくとよいでしょう。

前日の動き

　前日に式場準備を行います。入学式の前日が始業式で，在校生（第2・3学年）が登校している場合は，生徒と協力して準備を行います。この場合も，式場図を基本として動きます。新入生や保護者の導線を中心に清掃も行います。

　式場の最終調整は，生徒の下校後に教員で行います。新入生を気持ちよく迎え，儀式的行事に厳かな雰囲気を出すためにも，椅子の間は縦横何センチ空けるなど細かく調整していきます。式場図にはこのようなことも明記しておくとよいでしょう。

　生徒が準備する時も，教員で最終調整をする時もイニシアチブをとる人が必要です。生徒の場合は担当の学年主任が，教員の場合は教務主任や生徒指導主事が行うとうまく事が進みやすいです。最終確認は管理職が行い，準備完了です。学校によっては，この後，生徒会や新入生代表の挨拶練習，吹奏楽部の歓迎の演奏の練習等が入ることがあります。

　入学式当日は配布物がたくさんあるので，第1学年の学年主任と協力して，漏れのないようにチェックしながら当日を迎えます。

当日の動き

　職員会議で提案した当日の役割分担で動きます。教務主任は，祝電披露を担当することもあるので，どの祝電を読むのかなどを管理職と確認しましょう。教職員全体で，新入生や保護者，第1学年の教員たちがよいスタートを切れたと思えるような式にしていきましょう。

　タイムテーブル・式場図・役割分担など手抜かりなく準備する。
　新入生は練習せず入学式に臨むため，卒業式とは違う緊張感をもつ。

17 卒業式
―次のステップに進ませる

式場図がポイント！ わかりやすいものを作成し継承を。
第3学年の想いと儀式的行事の在り方とのバランスをうまくとる。
そのためにも，卒業式に向けてしっかり協議しよう。

前日までの準備

　卒業証書授与式については，式場図などの大枠を1月の職員会議で提案し，2月の職員会議で内容の詳細を伝えることになります。

　卒業式も，入学式と同じく式場図がポイントです。物の配置を教員が確実に把握できるように工夫しましょう。

　卒業式は，義務教育課程を修了するために行う最後の儀式的行事です。有終の美を飾るため，厳かな雰囲気を出すために，多くの学校で卒業式練習を行います。この点において，入学式とは異なりますので，注意が必要です。

　教務主任は，まず式練習のスケジュールの確認が必要です。いつから式練習を始めるのかを確かめたら，卒業式が挙行される体育館を使用する授業との兼ね合いを調整するようにします。

　内容や動きの確認は，先に第3学年の教員団と行い，それを全体へ周知していきます。例えば，答辞の内容や式歌があれば，その時にどのような動きをするのか，時に，生徒がサプライズで演出を考えていることもあります。

　演出の有無については，事前に管理職の許可が必要です。儀式的行事ということを教員側が忘れてはいけません。第3学年が「強い想い」として何かしたいということであれば，管理職とつなぎ，その判断を確認しましょう。

　在校生の出席に関しても，決める必要があります。学校の規模にもよりま

すが，全校生徒が参加するかどうか，第3学年だけの参加にするかなどを事前の会議で決めておきます。

前日の動き

前日に式場準備を行います。入学式とほぼ同じような動きになりますが，準備を行うのが第1・2学年となるため，第1・2学年の教員の中で誰が指示を出すのかをはっきりとさせましょう。

当日の動き

職員会議で提案した当日の役割分担で動きます。例えば，教務主任は，卒業証書授与の前に，卒業証書を壇上に持っていく役割があります。この時の所作や動きを事前に確認しておきましょう。入学式と同様に，祝電披露を担当することもあります。

教職員全体で，第3学年を気持ちよく送り出し，次のステップへ進むための機会としましょう。

式後

式が終われば，最後の学級活動の時間をとる学校もあります。この時間を明確にしておきましょう。中学校最後の時間だからこそ，時間をしっかり守れるようにするとともに，それぞれのクラスに学級活動の時間の長短が大きく生じないようにします。

入学式よりも卒業式の方が，全体としての確認事項は多い。
教職員全体が，動きを頭に入れておくことができるよう工夫する。
よりよい卒業式になるよう，最後まで細かい気働きを怠らない。

第2章　年間の予定と行事　043

18 体育大会・文化発表会
―いつ・誰が・何を明確にする

- 誰が行事の中心となり，進めていくのかを明確にしよう。
- 計画的に行うことで，教員側の運営がスムーズにいく。
- 先に大枠を提案しておき，詳細は随時伝える方法で進めるとよい。

　体育大会・文化発表会は中学校では，二大行事です。スムーズな運営を心がけるためにも，誰が先頭に立って物事を進めるのかを明確にすること，余裕をもった計画を立てることが非常に重要です。特別活動部と相談しながら，いつ・誰が・何をしなければならないのかを明確にすることが大事です。

体育大会

　体育大会は，特別活動の学校行事の健康安全・体的行事にあたります。体育大会運営委員会を立ち上げ，競技内容や当日までの計画を練ります。体育大会に向けたメンバーは，特別活動部や保健体育科，教務主任で構成されることが多いです。メンバーの中で誰が長となり，体育大会を運営していくのか必ず確認をとるようにします。

　この会議の中での教務主任の役割は，体育大会までの2～3週間の時間割や体育大会の練習時間のとり方の調整です。体育大会の競技の中には縦割り競技が存在します。こうした競技の練習時間が必要になるので，縦割りで練習できるようにしていきます。放課後に練習時間を設けることもあります。放課後練習でも，前半・後半と時間を区切っていくなど，工夫が必要です。

　体育大会に向けてこれらの動きが入ってくると，1日の校時表が特別なものになることも増えていきます。体育大会運営委員会で決まったことは，必ず職員会議等で教職員に伝えるようにします。伝え漏れがあると職員室に不

協和音が生じるので要注意です。

　体育大会当日に雨になった場合に備え，その日の時間割を事前に用意しておく必要があります。体育大会は予備日開催となるので，その後の時間割も変更が必要です。2，3パターンの時間割を準備しておき，全体に伝えます。

文化発表会

　文化発表会は，特別活動の学校行事の文化的行事にあたります。各学年・クラスの合唱などの発表や文化部の発表の場となることが多いです。文化発表会に向けては，文化発表会専門委員会などのチームを立ち上げます。メンバーは，特別活動部や音楽科，教務主任で構成されることが多いです。

　文化発表会に向けて，学級活動の時間を使って，クラス練習や学年練習を行うことがあります。使用する場所が，音楽室や体育館などピアノのある場所であることが多いため，体育の授業や音楽の授業と重ならないように時間割を組みます。6校時終了後に，合唱練習の機会を設ける学校も多いです。この場合，ピアノがある教室を各クラスが使えるように，割り当てていきます。計画的に練習ができ，均等にその機会が与えられるよう工夫します。

開催場所の確保

　体育大会や文化発表会の開催場所が学校ではなく外部となる場合，渉外を行う必要があります。例えば，地域の音楽ホールを借りるのであれば，前年度から予約をしておかなくてはなりません。市内の同じ中学校も同じ場所で行う場合は，日程の調整も必要となります。

雨の場合や場所の変更など，多角的に考えて準備する。
誰が主となり，行事を動かしていくのかハッキリさせる。
開催場所が外部の場合，早い段階で予約する。

Column

1年間をイメージし，見通しをもつ

　教務主任の仕事を引き受けたとして，やみくもに突き進んでは無駄が多いですし，失敗も起こりやすくなります。体感としても疲労感が強く，途中でしんどくなってしまうでしょう。そこでまずは，年間を通してどんな行事があり，それぞれの時期にどんな仕事があるかザックリとらえます。もちろん，教員としてこれまで様々な行事をこなし，経験も積んできたことと思いますが，教員の仕事では見えなかったことが教務主任にはあるからです。

　教員は基本的には自分の担当する授業や学級経営に専念しますが，教務主任は教員が安心して仕事ができるように裏で支えるのが仕事であり，同時に教員を率いるリーダーの役割をも担います。当たり前のことですが，年間をイメージするといっても，イメージする内容が違ってきます。

　例えば入学式。教員であれば当日の自分の動きを考えたらよいでしょうし，その翌日からは授業や学級のための準備をしたらよいでしょう。一方，教務主任は，入学式前から入学式がうまく進むように，管理職や第1学年を担当する教員をはじめ，各学年の教員と何度も確認を行い，準備段階から学校全体を動かすために知恵をしぼります。当日も，管理職や教員の動きを支え，式後は教科書給付等がつつがなく終わるよう努めます。

　入学式が終わればすぐに授業が始まるので，入学式前の段階で，時間割を作成し，それに加えてそれぞれの教員が使用する教室等がぶつからないような教室配置をする等，もっと前から準備をしておきます。教員と教務主任とでは，立ち位置だけでなく，仕事内容が大きく変わるのです。

　特に，年度末までに年間の報告をしなければならないため，資料は4月から記録を残しておく必要があります。後になってからでは記憶が曖昧なことも出てきます。年間の大まかなイメージを掴んだ上で動き出しましょう。

第3章
会議と準備

19 職員会議
―意見を聞く時間を確保する

職員会議は毎月定例で行われる。
議題の整理や資料作成は教務主任の仕事になることが多い。
そもそも，職員会議は決議機関なのだろうか？

職員会議とは

　職員会議とは何だろうか。2000年1月に「学校教育法施行規則」が改正され，職員会議の法的規定が追加されました。

> 小学校には，設置者の定めるところにより，校長の職務の円滑な執行に資するため，職員会議を置くことができる。
> 職員会議は，校長が主宰する。
> 　　　　　　　　　　　「学校教育法施行規則」第48条第1項・第2項（第79条準用）

　「設置者」とは，「市立」の中学校であれば，その「市」を意味します。具体的には，市区町村の教育委員会が管理規則として定めることになります。例えば，横須賀市の場合は，以下のように示されています。

> 学校に，校長の職務の執行を補助するため，職員会議を置く。
> 職員会議は，校長が招集し，その運営を管理する。
> 職員会議の組織及び運営について必要な事項は，校長が定める。
> 　　　「横須賀市立小学校及び中学校の管理運営に関する規則」第22条第1項・第3項・第4項

職員会議は，校長の職務の執行を補助するために設けられたものであり，校長の権限と責任において，会議を運営することを意味します。よって，職員会議は，決議機関ではありません。

職員会議の3つの機能

　では，なぜ職員会議があるのでしょうか。役割は，以下の3つです。
1．校長の意思伝達
　　　　校長の方針等を周知するため。
2．職員の学校経営参加
　　　　職員の意見を聞くため。校務決定にあたり，職員の意見を生かすことは，学校経営への参加意識を高めます。
3．意見交換
　　　　職員相互の連絡や意見交換を図るため。

　職員の意見は，学校にとって非常に貴重なものです。方針等の「連絡」は，別の方法で事前に伝えるなどして，できる限り時間を短縮し，職員から意見を聞く時間を確保するために，以下のことを意識しましょう。

①職員会議を円滑に進めるためには，議題・連絡を明確に分ける。
②何について意見を求めるのか（＝議題）を明確にする。
③事前に該当する資料を配付し，十分に考える時間を確保する。

職員会議は，決議機関ではない。
職員会議は，職員の意見を聞き，確認するために重要な場である。
職員会議前の準備を怠らないことで，意味のある職員会議になる。

第3章　会議と準備　049

20 企画調整会議
―学校運営や教育活動を円滑にする

> 企画調整会議も限られた時間で行う会議であることに間違いない。
> 職員会議の前に調整することで，職員会議を効率的に行える。
> どのような点に気をつけなければならないのか？

企画調整会議とは

　企画調整会議は，学校により名称が異なり，運営委員会会議などと称する自治体もあります。主幹教諭（総括教諭）や関連する教職員が参加し，学校行事や計画を事前に確認し，調整する会議です。職員会議の前に行われ，全体の方向性を確認しつつ，各担当者の役割分担や進捗状況を確認します。また，問題が発生した時の対応や調整も行います。

　なぜ，企画調整を行う必要があるのでしょうか。その理由は3つあります。

1．**調整と準備の確認**

　　職員会議で議題とする内容や進行について，事前に協議し，準備を整えることができます。

2．**意見の集約と調整**

　　教職員全員の意見や提案を集め，企画調整会議でそれらを整理・統合することで，より具体的な方策や計画を企てることができます。

3．**スムーズな会議運営**

　　企画調整会議での議論を通じて，職員会議の進行がスムーズになり，効率的に時間を使うことができます。

　これらの理由から，企画調整会議は，職員会議の前に行うことで，学校運

営や教育活動の効率性を高める重要な役割を果たします。ポイントを押さえておくことで，職員会議や学校運営全体も円滑になります。

企画調整会議で気をつけるべきポイント

企画調整会議を行う上で，注意すべき点は以下の通りです。

1．時間管理

　　職員会議をスムーズに行うために開かれる会議ではありますが，この会議が長引いては意味がありません。議題ごとの時間配分を決めて，効率的に進行します。

2．目的の明確化

　　各議題の目的を明確にし，何を決定するのか，どのような成果を期待しているのかを最初に提示すると円滑に進めることができます。

3．事前準備の徹底

　　議題に関連する資料や情報を事前に共有し，参加者が十分な準備をして臨めるようにします。これにより，会議中の無駄な時間を減らせます。

4．全員の意見を尊重

　　特定の人の意見に偏らないよう，全員が意見を表明できる場を設けるよう工夫します。

5．決定事項の明確化

　　会議の最後に，決定事項，担当者，締め切りを明確にし，それを全員で確認します。

企画調整会議（運営委員会会議）は，職員会議および学校運営をスムーズに行うためのものである。
事前にしっかり準備するとともに，会議に参加する者全員に発言を促し，特定の人や特定の考えに偏らないようにする。

第3章　会議と準備　051

21 コマ調整会議
―負担を減らし不満の芽を摘む

> 月間予定は分掌会議や職員会議を行う際の重要資料となる。
> コマ調整会議は，潤滑油となる。
> 計画的に進めるために，各担当のコマ調整を行う。

コマ調整会議を潤滑油に

　コマ調整会議は，学級活動，生徒会，道徳，総合的な学習の時間の各担当の長による会議です。分掌会議（分掌主任を中心に担当者により構成される会議）や職員会議の前に行われ，翌月，翌々月の学級活動，道徳，総合的な学習の時間のコマ調整を行います。

　コマ調整会議には教務主任も出席し，決定した内容を月間予定表に反映させ，各分掌会議に提示します。コマ調整を行う理由は以下の通りです。

1．教員の担当時間の均等化

　　学級活動，道徳，総合的な学習の時間などは他の教科とのバランスをとり，授業時間を適切に配置する必要があります。コマ調整を事前に行うことで教員の負担を均等化し，業務の効率化を図ることができます。

2．学校行事やイベントとの調整

　　学級活動，道徳，総合的な学習の時間などは，学校行事と密接に関連するため，そのスケジュールとの調整が必要です。

　次のページに職員会議までの流れのイメージを記載してあります。
　年度当初に，それぞれの会議の役割，期日，誰が何をするのかを明確にすることで，会議を円滑に進めることができます。

<職員会議までの流れ（イメージ）>

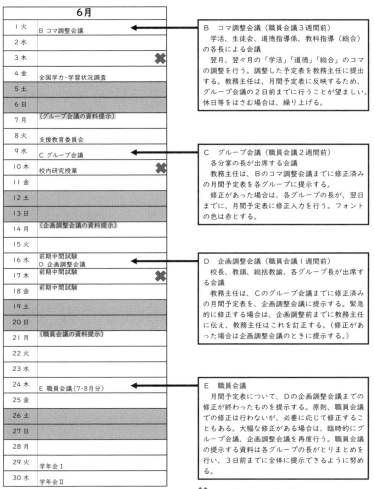

✖は、会議設定および放課後の活動不可

㊙㊙㉑

事前にコマ調整をすることが，教員間の潤滑油になる。
コマ調整会議では，全体の授業時間を俯瞰的にとらえる。

第3章　会議と準備　053

22 三役会
―現場の声を管理職に届ける

> 三役会は，最新の教育動向の学習にもなる。積極的な姿勢で！
> 三役会で得た情報を自校にマッチングさせるよう考える。
> 現場から出た意見を伝える機会にしよう。

三役会での確認事項

　各都道府県では，教育振興プランなどで目指す人間像が描かれています。それを受けて各市区町村でも，独自の育てたい子ども像を提案しています。こうした目標を実現するために，それぞれの中学校で実際にどう育てていくのかを教育委員会の指導主事を交え，話し合うのが校長会や教頭会です。

　学校経営のトップとして，現代の教育について方向性を確認し，同時に文部科学省や都道府県教育委員会からの文書を具体的な動きにして応えるために全体会や分科会を通じて話し合う場でもあります。

　こうした校長会や教頭会で話し合われた内容は，校長や教頭が各学校に持ち帰り，校長・教頭・教務主任の三役会で確認がなされます。この三役会では，校長会や教頭会で話し合われた内容に基づき，各学校のカリキュラムや行事等を確認し，必要があればカリキュラムの変更を行ったりもします。反対に，各教員からあがってきた声を，教務主任が三役会の中で伝え，校長会や教頭会で確認してもらうこともあります。

　以下に例を挙げます。
〇 Case1　感染症流行時の対応
　感染症が流行った時の対応についてです。大きな対応の枠は文書などで通達されますが，実際の動きをどうするのか，どこまでするのかが，各学校で

バラバラになりそうになりました。例えば，グループワークや実技の授業の行い方についてなどです。グループワーク1つとっても，ペアはよいのか，机はくっつけてよいのか，対面にしてよいのか，3人なら……など実際に起こり得る動きについて校長会で協議し，確認してもらうよう伝えました。

○ Case 2　働き方改革に向けた対応

働き方改革が進められていく中，勤務時間の中で質を上げるためにどうするのかを考える機会が多くなりました。そのためにはいろいろなことを取捨選択する必要が出てきます。時には思い切って行事をなくしていったり，短くしていったりするなども考えられます。

実際，体育大会や文化発表会について，1日開催をしていたものを，半日開催にしたり，そのために内容を工夫したり，吟味したりもしました。こうした細かいことも，校長会で伝えていただくようにしていました。

こうした動きや変化を1つの中学校だけで終わらせるのではなく，他の中学校とも共有し，足並みをそろえていくことで，そのエリアとしての教育が担保されます。もちろん，規模の大小などがあり，全ての足並みがそろうというわけではないですが，自身の学校がこうした教育活動を進めているということを他校がわかっている，知っているということは大切なことです。

実際，具体的な意見は必ず現場からあがってきます。教務主任として，話を聞き，現場の考えや疑問などを校長会で進言してもらい，そしてそれを三役が一つ一つ丁寧に返していくことで，学校内の足並みもそろってきます。

校長会や教頭会で話し合われたことが，自校のカリキュラムに合っているか確認し，必要があると思えばサクサク修正する。
各教員からの声も，校長や教頭に伝え，校内の機運が上がるよう陰で支える。

第3章　会議と準備　055

23 2ヶ月先まで予定を見通すことで全員に余裕が生まれる

先を見通して仕事をすることが求められる。
先を見通した月間予定表は，教職員の「道しるべ」になる。
他の分掌が計画を立てやすいように，早めに計画を立てる。

「道しるべ」になる月間予定表を

　教務主任が2ヶ月先を見通すことは，以下の理由から学校運営の効率化と質の向上に直結する役割を果たします。

1. 学校運営と教育活動の円滑な遂行

　　カリキュラムの計画と実施において，2ヶ月先を見通すことで学期や年度全体の進行を把握し，必要な調整を早期に行うことができます。

2. 教員間の調整や連携

　　早期にスケジュールを共有することでチーム全体として効率的に動くことが可能となります。これにより，突然の変更や追加の業務が発生した場合でも柔軟に対応できる余裕が生まれます。

3. 保護者や地域とのコミュニケーション

　　先を見通して情報を発信することで，保護者が家庭での学習支援や行事への参加を計画しやすくなり，地域全体で教育活動をサポートする体制が整います。

弾力的な時間割

　平成29年度の学習指導要領の改訂では，「第1章　総則」の中で授業時数等の取り扱いについて，以下のように記されています。

> 第3　授業時数等の取扱い
> 4．各学校においては，地域や学校及び生徒の実態，各教科等や学習活動の特質等に応じて，創意工夫を生かし時間割を弾力的に編成することができる。

　時間割を年間で固定するのではなく，生徒や学校，地域の実態，各教科等や学習活動の特質等に応じ，弾力的に組み替えることに配慮する必要があることも示しています。
　「年間の授業週数」については，年間35週以上にわたって行うことなく特定の期間に行うことができることや「授業の1単位時間」については各学校において定めることをそれぞれ規定しており，各学校においては生徒や学校，地域の実態及び各教科等や学習活動の特質等に応じ，弾力的な教育課程を編成し，実施することができることも示しています。

　平成20年1月の中央教育審議会の答申において，「週単位で固定した時間割で教育課程を編成し学習する方がより効果的・効率的である」とされ，例外はあるものの，各教科等の年間の標準授業時数を35の倍数にすることを基本としました。ただし，休日等もあるので，月単位で時間割を調整しなければなりません。
　教務主任が見通しをもって行動することで，教員にもゆとりが生まれます。学校全体の教育の質が向上し，生徒一人ひとりの学習成果を最大限に引き出すこともできます。

教務が先を見通せなければ，他の分掌は予定が立てられない。
先を見通した月間予定表（大枠）を，遅くとも2ヶ月前には出す。

第3章　会議と準備　057

24 会議をできるだけ時間割に組み込む

放課後，教員には多くの仕事が待っている。
参加人数が多い場合，会議の日程調整は難しい。
会議を行う時間を確保することも大切な仕事。

会議は授業のある時間に

　教員は放課後の時間に余裕がありません。会議や部活動の他，授業準備を行わなければならないからです。担任であれば二者面談を行うこともあります。以下はある教員の1日のスケジュールです。

A先生の1日のスケジュール（勤務時間：8時10分〜16時40分）

7：30	出勤
8：00	教室巡回
8：15	朝の打ち合わせ
8：30	SHR（ショートホームルーム）
8：50 〜 12：40	授業
12：50	給食
13：50	授業準備
15：40	SHR（ショートホームルーム）
16：00	分掌会議
17：00	部活動指導
18：00	教室巡回・担任業務
19：00	退勤

6時間授業がある場合，放課後に会議を行うのであれば，16時00分から始めなければなりません。そのため，会議の時間は40分ほどしか確保できず，審議する時間が足りません。

　以上のような状況から，会議を時間割に組み込むようにすることをおすすめします。特に分掌会議は時間割に組み込みやすいでしょう。会議を時間割に組み込むことで，教員の放課後の時間を確保することができます。

令和〇年度　〇〇市立〇〇中学校　時間割　（令和〇年〇月〇日～）

氏名	担当	教科	月1	月2	月3	月4	月5	月6	火1	火2	火3	火4	火5	火6
〇〇	1年主任	保体			生活G				生活	3-34	3-12	1-2	1-3	1-4
〇〇	1-1	英語	1-3		1-1	1-2	1-4	道徳	生活	1-2	1-4	1-3	1-1	
〇〇	1-2	社会	1-4t		1-2t		1-3	道徳	1-4		1-2	1-1	教務G	1-3
〇〇	1-3	理科	1-1技	1-2技	1-3技	1-4技		道徳	1-1	1-3		1-4		1-2
〇〇	副担任	保体	1-4	1-3	1-2		1-1	道徳	1-3	1-4	1-1		1-2	
〇〇	副担任	国語		1-4		1-1	1-2		1-2	1-1	1-3		1-4	
〇〇	支援級	支援級	支援級	支援級	支援級	支援級	支援級	支援級	支援級	支援級	支援級	支援級	支援級	支援級
〇〇	2年主任	社会		2-2		2-3	2-4	道徳	2-3	2-1		2-2	教務G	2-4
〇〇	2-1	理科	2-1			2-2	2-3	道徳			2-3	2-1	2-4	2-2
〇〇	2-2	英語	3-1	3-2	3-3	3-4		道徳	2-4	2-2	2-1	2-3	教務G	1-1
〇〇	2-3	美術	2-2	2-1	2-3	2-4		道徳	生活	3-34	3-12			
〇〇	副担任	国語	2-3		2-4	2-1	2-2		2-1	2-4		支援	2-2	2-3
〇〇	副担任	数学			生活G				2-2		2-4		2-3	2-1
〇〇	支援級	支援級	支援級	支援級	支援級	支援級	支援級	支援級	支援級	支援級	支援級	支援級	支援級	支援級
〇〇	3年主任	英語			3-4		3-2		生活	3-2		3-1	3-4	3-3
〇〇	3-1	保体	3-4保	3-3保	3-2保	3-1保		道徳	生活	3-34	3-12	支援	1-2t	2-1t
〇〇	3-2	国語		1-3t	生活G		3-4	道徳	3-4		3-3	3-2	2-3t	3-1
〇〇	3-3	理科	3-2	3-4	生活G	3-3	3-1	道徳	3-3	3-1			3-2	3-4
〇〇	副担任	社会	3-3	3-1					3-1			3-4	3-3	3-2
〇〇	副担任	技家	1-2	1-1	1-4	1-3				1-4t	1-1t	支援	教務G	
〇〇	支援級	支援級	支援級	支援級	支援級	支援級	支援級	支援級	支援級	支援級	支援級	支援級	支援級	支援級

会議の時間は，できるだけ時間割に組み込む。
放課後は時短で退勤する教職員もいるため，可能な限り，放課後に会議を入れない。

第3章　会議と準備　059

25　時間を意識させる

長くなりがちな職員会議。
しかし，活発な意見交換ができる時間は確保したい。
職員全体が時間を意識するためにはどのようにすればよいのか？

会議資料の鑑に時間を明記

　会議時間を短縮するためには，工夫が必要です。職員会議の鑑に時間を明記することで，時間を意識して効率的な会議が行われるようになります。
　会議で時間枠を明記することには以下のようなメリットがあります。

1．集中力の維持

　　明確な時間枠があることで，出席者はその時間は会議に集中しやすくなります。長時間にわたる会議では，途中で集中力が途切れます。あらかじめ時間を明記することで集中力を保つことができます。

2．議論の効率化

　　各議題に対して時間枠を設定することで，議論が長引くのを防止することができます。

3．予定の調整

　　会議の開始時間と会議時間が明確であれば，出席者はその前後に他の予定を組みやすくなり，他の業務との調整がしやすくなります。

4．精度の高い提案

　　「案が練られていない」「実現性の低い」ものは，会議を長引かせる原因となります。時間を設定することで，提案者は，提案段階でより精度の高い提案を行おうと努めます。

5．時間管理の意識向上
　　　会議の時間枠を意識することで，参加者全員の時間管理に対する意識が高まります。

　これらの利点を生かすためには，会議前に資料を配布し，各議題に対する時間枠を事前に伝えることが重要です。また，会議中に時間管理を徹底するための工夫も必要です。

```
令和〇年度 職員会議（〇月定例）        議長・記録：〇年

日時：〇月〇日（〇）14:40開始  場所：職員室      議事   （ 40 分）
1. 校長より                                    （  5 分）
2. 教務管理グループ                [〇〇]        （ 10 分）
    ① 教務一般              [〇〇]
    ② 施設備品・管理防災       [〇〇]
    ③ 地域連携              [〇〇]
    ④ 小中一貫              [〇〇]

3. 学習指導グループ                [〇〇]        （ 15 分）
    ① 教科指導係            [〇〇]
    ② 道徳指導係            [〇〇]
    ③ 図書指導係            [〇〇]
    ④ 視聴覚教育・ICT指導    [〇〇]
    ⑤ 生徒会・学活指導       [〇〇]
    ⑥ 進路指導              [〇〇]

4. 生活支援グループ                [〇〇]        （ 10 分）
    ① 生徒指導              [〇〇]
    ② 美化保健給食           [〇〇]
    ③ 部活動指導            [〇〇]
    ④ 支援教育              [〇〇]
```

職員会議資料の鑑に進行時間を示し，時間の流れが目で見てわかるようにする。
教務主任は率先して時間管理を意識し，適度に時間経過を口にしながら進行する。

26 会議前から会議を始める

> 長くだらだら行う会議は，非効率的である。
> ただし，職員間での共通理解は図りたい。
> 会議をどう効率的に行うのかが，教務主任の腕の見せどころ。

効率的な職員会議を目指して

会議が長引くと出席者の集中力が切れやすくなり，意思決定や問題解決の効率が悪化します。一工夫するだけで効率的に会議を進めることができます。

筆者が実際に行っている工夫の１つを紹介します。

○事前に議題を明確にし，質問や意見を集約する

少なくとも会議の３日前には，会議出席者に資料を配付し，十分に考える時間を確保します。また，事前にGoogleフォームなどを活用し，質問や意見を集約すると，より効率的です。

職員会議に関わる質問・意見

B *I* U ⌘ T̶

職員会議に関する質問・意見の集約となります。
〈記入上の注意〉
　○　意見または質問のある「分掌名」を選択し，「係名」・「質問・意見」を入力してください。

このフォームでは，すべての回答者からのメールが自動的に収集されます。 設定を変更

Googleフォームの冒頭には記入上の注意を入力

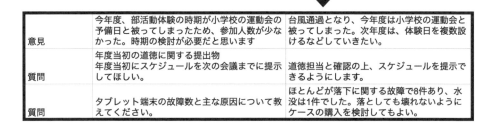

ラジオボタンを使うことで回答の集計を効率化する

　集約した質問や意見は，担当者が職員会議の前に回答することで，時間の短縮を図ることができます。

名前	グループ	「係/委員会」/「担当」	内容		回答
松原　健明	教務・連携グル	小中一貫	意見	今年度、部活動体験の時期が小学校の運動会の予備日と被ってしまったため、参加人数が少なかった。時期の検討が必要だと思います	台風通過となり、今年度は小学校の運動会と被ってしまった。次年度は、体験日を複数設けるなどしていきたい。
松原　健明	学習グループ	道徳	質問	年度当初の道徳に関する提出物 年度当初にスケジュールを次の会議までに提示してほしい。	道徳担当と確認の上、スケジュールを提示できるようにします。
松原　健明	管理グループ	管理	質問	タブレット端末の故障数と主な原因について教えてください。	ほとんどが落下に関する故障で8件あり、水没は1件でした。落としても壊れないようにケースの購入を検討してもよい。

意見	今年度、部活動体験の時期が小学校の運動会の予備日と被ってしまったため、参加人数が少なかった。時期の検討が必要だと思います	台風通過となり、今年度は小学校の運動会と被ってしまった。次年度は、体験日を複数設けるなどしていきたい。
質問	年度当初の道徳に関する提出物 年度当初にスケジュールを次の会議までに提示してほしい。	道徳担当と確認の上、スケジュールを提示できるようにします。
質問	タブレット端末の故障数と主な原因について教えてください。	ほとんどが落下に関する故障で8件あり、水没は1件でした。落としても壊れないようにケースの購入を検討してもよい。

㉖

事前に教職員に職員会議の内容を周知し，意見を聞いておく。意見の集約をしておくことで会議への意識づけをし，時間短縮を図る。

第3章　会議と準備　063

27 ペーパーレスで費用も時間も減らす

学校で使用されるお金は税金で賄われている。
学校の予算は限られている。
資金をどのように使うかが重要。どう工夫する？

ICTの活用

ICTを活用することで，経費や時間の使い方の効率化が期待できます。具体的な方法について，いくつか紹介しましょう。

1. **クラウドストレージの活用**

    GoogleドライブやDropboxなどのクラウドストレージを使用して，会議資料を共有します。誰でもアクセスできるようにし，最新の資料を常に確認できるようにします。

2. **電子文書管理システムの導入**

    文書をデジタル化し，一元管理できるシステムを導入することで，検索や閲覧が容易にできるようになります。

3. **電子ホワイトボードの使用**

    会議中のメモやアイデアを電子ホワイトボードに書き込むことで，タイムリーに共有することができます。

4. **オンライン会議ツールの活用**

    ZoomやMicrosoft Teamsなどのオンライン会議ツールを利用し，オンライン会議に参加することで，移動時間や交通費を節約できます。特に遠方の会議に参加する場合，経費や時間を大きく削減できます。

ペーパーレス化によるメリット

以下に，ペーパーレス化による利点を示します。

1. 経費削減

　印刷費用，紙代，インク代を削減することができます。資料を持ち運ぶためのファイルやバインダーのコストも不要となります。

2. 時間削減

　資料の印刷や配布にかかる時間を削減することができます。デジタル資料は検索が容易なため，必要な情報にすぐアクセスできることも利点です。

3. 環境への貢献

　紙の使用量を減らし，環境負荷を軽減させることができ，持続可能な社会を実現させることができます。

4. 情報の一元管理

　資料が一元管理されるため，紛失や重複の心配がなくなります。また，変更や更新がすぐ反映されるため，最新の情報を共有できます。

　これらの取組を進めることで，学校全体の運営効率を向上させ，経費削減にもつなげます。ペーパーレスを実現するためには，組織全体で共通理解が求められます。一方でICTが苦手な教員もいますので，教務主任が手助けしたり，学年で助け合ったりする体制なども必要です。ペーパーレス化によって，不協和音が生じないように積極的に動き，フォローしましょう。

紙やインク，バインダー代など，いずれの費用も工夫で減らせる。
物にかかる費用だけでなく，時間も減らせる。
ICTが苦手な教員への声かけやフォローを積極的に行う。

第3章　会議と準備　065

Column

時間管理にもっと敏感になる

　職員会議の時間が長引くのは好ましいことではありません。会議の後にまた次の会議が入っているなどということもめずらしくないですし，教職員の中には育児や介護のために時短勤務で働いておられる方もいるでしょう。

　これまでの学校は，残念ながら時間管理が弱かったのではないでしょうか。授業にしても，チャイムが鳴ったのに終わらないからといって授業を続けたり，あるいは体育であれば着替えの時間を考慮せずに終わっている方を今でも見かけます。時間管理に疎いので，授業が延びてうんざりしている子どもの気持ちやその次に授業をする教員のことなど，気にも留めないのです。

　筆者がアメリカのイマージョン教育を行うマグネットスクール（教育方針や教育内容を特化し，広範囲の学区の子どもが入学できる学校）を訪問した時のことです。英語やフランス語，日本語といった様々なクラスがあり，それぞれネイティブの教員が働いているのですが，帰りが遅いのは日本語クラスの先生でした。日本人の勤勉さもあるでしょうが，日本で勤務していた際，長時間勤務に慣れていたこともあるのではないかと考えます。

　アメリカの学校では，午後2時半から3時頃に終わる学校が多いのですが，時間が来るとみな一斉に駐車場に向かい，車で帰宅します。一方，オランダの小学校を訪問した際は，子どもは午後2時に帰宅し，その後，教員は翌日の授業準備を5時まで行い，時間が来ると一斉に帰ります。基本的に勤務時間の中で仕事が終えられるようにしてあり，キッチリと定刻で仕事を終えます。

　日本と諸外国では，求められる仕事量がそもそも異なっているので，同じように考えるのは難しいですが，上記の国では家族と過ごせる時間を第一に考えています。ただそれは，わが国の教員も同じはずです。教務主任を中心に時間管理を行い，無駄な時間を減らしましょう。教員が家族と過ごせる時間を意識して業務を見直すことが求められています。

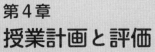

第4章
授業計画と評価

28 カリキュラムマネジメントの基礎を理解する

教育課程の編成は教務主任にとって最も大切な仕事。
教育課程とはそもそも何か？　法令と結びついた理解を。
カリキュラムマネジメントには，基本的な知識が必要。

教育課程とは

学校教育の目的や目標を達成するために，教育の内容を生徒の心身の発達に応じ，授業時数との関連において総合的に組織した各学校の教育計画

「中学校学習指導要領解説　総則編」

　授業時間の配当は，教育課程を組み立てる際に重要な要素となります。確かな学力を築くために必要な授業時間を確保することは，学習指導要領改訂の基本的な考え方の1つです。しかし，授業時数の配当表を完成させればよいわけではありません。教育課程には必ず含まなければならない計画があります。横須賀市では，以下のように定められています。

校長は，新年度において実施する学校の教育課程を，施行規則第52条又は第74条に規定する基準により編成し，学年開始後，4月末までに教育課程編成報告書（小学校用）（第5号様式）又は教育課程編成報告書（中学校用）（第6号様式）により教育委員会に報告しなければならない。

「横須賀市立小学校及び中学校の管理運営に関する規則」第7条

中学校の教育課程編成報告書では、以下の内容の報告が求められます。

```
1．学校教育目標    2．授業時数
3．生徒会活動，学校行事の時数    4．単位時間    5．選択教科
6．年間計画にも基づく恒常的行事実施のための休業日の変更
7．部活動の種類    8．独自の教育活動の時間で取り扱う内容
```

教育課程と学習指導要領

教育課程と学習指導要領との結びつきは次のように定められています。

> 中学校の教育課程に関する事項は，第45条及び第46条の規定並びに次条において読み替えて準用する第30条第2項の規定に従い，文部科学大臣が定める。
> 「学校教育法」第48条

> 中学校の教育課程については，この章に定めるもののほか，教育課程の基準として文部科学大臣が別に公示する中学校学習指導要領によるものとする。
> 「学校教育法施行規則」第74条

授業（標準）時数は，同施行規則第73条において定められており，「学習指導要領」に法的な拘束力があるのは，これらの法令に基づいているからなのです。

教育課程を考えることは教務主任の仕事の肝である。
教務主任が教育課程を理解していなければ，その学校は危ない。

29 引き算の発想で学校行事を精選する

学校行事をどのように精選するのか？
学校教育目標を達成するために教育課程をどう編成するのか？
引き算の発想をしなければ，多忙な日々は変わらない。

足し算ではなく，引き算の発想を

　教務主任は，学校教育目標を達成するために教育課程をどのように編成するのかを考えます。教員の過重労働が問題視されるようになって，教員を志願する者の数が減少していることによって教員不足が生じていますし，働き方改革も進めなくてはいけません。様々な課題がある中で，学校行事や会議の在り方を見直し，明確なスクラップ＆ビルドを意識します。

　実際，授業時間数が1086時間を超えている学校があります。その学校は見直しをしなければなりません。各教科や総合的な学習の時間，道徳，特別活動（学級活動）の数は減らすことはできないため，特別活動（生徒会活動，学校行事）等を削減しなければなりません。削減する方法は２つあります。

①学校行事等の見直し（削減・廃止を含め）をすることで，時間数を減少させる。
②学校行事のうち，特別活動（学級活動）や各教科に組み入れ可能な場合は，計上する（そのためには各活動のねらいや特性を十分検討し，本来の確保すべき時数を削減してはならない）。

学校行事を見直すために

　学校行事等について，それぞれの担当者は，下記のフローチャートに沿って，「次年度計画書」を提出してもらうと，整理しやすくなります。

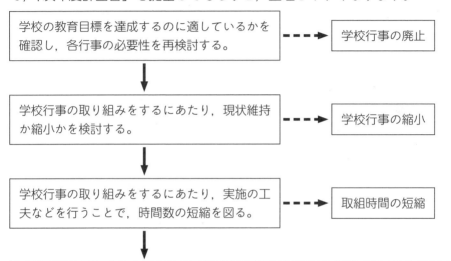

実施結果の評価と精選・見直し
○学校行事終了後できるだけ早いうちに教員・生徒等からアンケートをとるなどして，当該行事の反省点・改善事項等を効果的に集約し，次年度についての見直し（継続・縮小・廃止）や次回の実施に生かす。
○新規の学校行事を開始する場合は，既存の行事を減らす。（スクラップ＆ビルド）

栃木県教育委員会『子どもと向き合う時間の確保を目指して～「教員の多忙感に関するアンケート」分析より～』2009年10月を基に作成

学校行事は増える一方なので，引き算の発想で精選する。
教務主任と各担当者を中心に，積極的に教育課程を見直す。

第4章　授業計画と評価　071

30 まずは年間授業時数を算出する

各教科全ての時数は頭に入れておこう。
実際の1年間の週数からおおよその割り振りを決めるのもよい。
教科等の時数バランスを考えていこう。

年間授業時数について

学校標準授業時数については，次のように示されています。これは各教科等の指導の質を保つために必要な量的な枠組みです。

各教科等の標準授業時数

区分		第1学年	第2学年	第3学年
各教科の授業時数	国語	140	140	105
	社会	105	105	140
	数学	140	105	140
	理科	105	140	140
	音楽	45	35	35
	美術	45	35	35
	保健体育	105	105	105
	技術・家庭	70	70	35
	外国語	140	140	140
道徳の授業時数		35	35	35
総合的な学習の時間の授業時数		50	70	70
特別活動の授業時数（学級活動）		35	35	35
総授業時数		1015	1015	1015

「学校教育法施行規則」第73条別表第2を基に作成

年間計画の中で，年間授業日数から年間授業可能時数を算出します。例えば，200日授業が可能なのであれば，1日6時間として，年間1200時間授業

等が行えるということです。ここから，各教科等の授業時数1015時間を確保し，残りの185時間から「授業外の時数」や「特別活動（学校行事，生徒会活動）」に割り振ります。これらを計算し，余った時数を予備時数とし，自然災害等で閉校した場合に，各教科等の授業時数を確保できるよう次のように設定します。

年間時数等確認表

授業日数	授業可能時数	授業時数	行事	生徒会活動	授業外の時数	予備時数
200	1200	1015	30	6	100	49

　学年によって，授業可能日数は異なります。特に，第3学年は，卒業式があり，第1・2学年より少なくなるので，第3学年の授業日数を確認してから，年間授業時数を算出するとよいです。
　年度はじめに，学期ごとのおおよその授業時数を算出してもよいです。この場合，学期の週数を目安に行います。これを行うと，1学期終了時の授業進度から，その時数に達したのか，そうでないのか，オーバーしたのかで，2学期に必要な時数を計算し，確実に授業時数を割り振っていきます。

学期ごとの授業時数の割り当て（第1学年）

学期	国	社	数	理	音	美	保体	技家	英	学	道	総	
1	49	36	49	36	15	15	36	24	49	12	12	15	
2	55	36	55	36	18	18	36	26	55	13	13	20	
3	36	33	36	33	12	12	33	20	36	10	10	15	
総	140	105	140	105	45	45	105	70	140	35	35	50	1015

年間授業時数1015時間を先に確保してから，特別活動の学校行事などを割り当てる。
最も少ない第3学年の授業日数を基準に，年間授業時数を算出する。

第4章　授業計画と評価　073

31 週授業時数は柔軟に割り振る

作成するにあたって優先順位を確認し，週の授業を組んでいこう。非常勤講師や実技の先生，少人数授業をしている先生とは，綿密に連携をとっていこう。

週授業時数について

下のように年間の標準授業時数を35週で割った数が1週間の授業の割り当ての基本です。ただ，実際には35週で年度が終わるわけではないので，年間の予定を見ながら，割り振りをうまくコントロールする必要があります。

授業時数を35週で行った場合の週時数

	第1学年	第2学年	第3学年
国語	4	4	3
社会	3	3	4
数学	4	3	4
理科	3	4	4
音楽	1.3	1	1
美術	1.3	1	1
保健体育	3	3	3
技術・家庭	2	2	1
外国語	4	4	4
特別の教科 道徳	1	1	1
総合的な学習の時間	1.4	2	2
学級活動	1	1	1

固定した時間割を作成する学校もあれば，そうでない学校もあります。筆者自身，教務主任になった当初は3パターンほど作成していましたが，1週

間の授業可能なコマ数をみて，その都度時数バランスをとるやり方に変えました。祝日や保護者個人懇談等で午前中授業になることがあるからです。出張や年休等で教科の先生がいないこともあります。これをそのまま固定した時間割で組んでしまうと，代行計画を立てたり，授業を代わりに誰かに行ってもらったりしなくてはなりません。最初から授業の時数がわかり，それで授業が組めるのであれば，余計な仕事を増やさなくてもよいです。

実際の組み方について

　学級活動や道徳，総合的な学習の時間については，他学年と共通した時間で行うことが多いです。そして，分掌の部会などを時間割の中に組み込んでいきます（主任会は，月曜1時間目など）。出張や年休なども事前に把握し，そこから教員の授業時間割の割り当てを行います。

　最初に，非常勤講師の先生の授業を入れます。非常勤講師の先生は，勤務する曜日や時間帯が限られているためです。2番目に習熟度別にグループ編成するなどの複数クラス合同で行う授業について考えます。3番目に，2クラス合同で行うなどの保健体育……といった形です。勤務していた学校では，通級指導教室や日本語教室の授業があったため，当該生徒がいる授業については，重ならないようにしていました。また，特別支援学級の授業とのバランスを考えていました。

　必ずしも毎回うまく時間割が組めるとは限りません。時には先生方に急な時間割変更のお願いをすることもありますから，周りの先生方とコミュニケーションをとることがとても大事です。

実際，きれいに35週で年度が終わるわけではない。
授業の割り当てを工夫しながら1015時間の授業時間を確保する。
教員の出張や年休等を事前に把握し，時間割を上手にアレンジする。

第4章　授業計画と評価　075

32 職務を考慮して授業時数を配分する

年間の日数を意識しながら，週の時数を出そう。
休日がある週や校時が短縮される時などは，特に注意を払う。
計画的に授業を配分していこう。

時数の配当について

　年度当初の職員会議で先生方の授業時数配当表を示します。この時，担任であれば，教科の授業にプラスして，学級活動，総合的な学習の時間，特別の教科 道徳の時間がカウントされることになります。この授業時数が，全教職員で，ある程度同じくらいになるように授業時数の配当を行います。

　授業時数の配当は，校内人事にも関わることです。次年度の体制を考える時期になると，管理職が校内人事に関して案を出し，教務主任は，その時数の計算やバランスを考えて，再度確認・提案を行うという形をとることがあります。

　児童生徒支援加配の先生などは，職務の性質上，授業時数が少なくなることがあります。数字上だけで見ると授業が少なく，空いている時間が多く見えますが，学校全体を統括するような専門的な職務を担っています。支援加配などのこうした学校全体に関わる職務の先生が，なぜ授業の持ち時数が少ないのか，その理由を教職員全体で共通認識するよう説明を怠らないようにしましょう。

　授業時数は，学校として何を重視するのか，学校教育目標達成のために，どのような配置にしたのかということを校長や教頭とともに明確にし，教職員全体にわかるように伝えるようにします。

週の授業時数配当表

　週の授業時数については，週の基本授業時数を基に作成していきます。1クラス週4回の授業（例えば英語の授業）があれば優先的に授業を入れていかないと，年間で140時間の授業を遂行することができなくなります。

　特に，午前中授業の週や祝日などの休日で，週4日しかない時は英語は毎日確実に入れるようにします。それでも，週3コマしか授業ができないような場合には，次の週に5コマを入れるなど，トータルで基本の授業時数になるようにしましょう。

　「1日1クラスの授業」という形が基本スタイルですが，やむを得ない事情がある場合，同じクラスで同じ教科を1日2時間行うこともあります。担当教員や生徒のことを思うとできるだけ避けるようにしたいものです。

　各教科の先生は，自分自身の教科が，週に何回授業があるのかを基本的にわかっています。そしてその計算を基に，定期考査までに，授業が何回あるか，授業進度はこういう形で行う，単元の進め方や設定はこうしよう……と日々考えています。

　ただそれぞれの教員が，トータルの授業時数を日々意識することは少ないはずです。だからこそ，教務主任がトータルの授業時数のコントロールをして，日々の授業に集中できるように時間割を組んでいくことが大事です。

配当時数が少ない教員については，最初に理由を全教員に説明する。
教務主任が責任をもって，授業時数配当表を示す。
教務主任が，各教員のトータルの授業時数を把握し，コントロールする。

33 非常勤講師との連携は密にとる

働き方は多様であり，非常勤講師もいる。
業務調整やスケジュール管理は教務主任の仕事である。
滞りなく行うには何に気をつけるべきか？

非常勤講師への配慮

　非常勤講師がいる場合には，時間割を調整する際に以下のポイントを注意しておく必要があります。

１．連絡手段の確保

　　まずは非常勤講師との連絡手段を確保します。必要な情報を円滑に伝達できるようにしておかないと，情報の共有や急な変更をお願いしたい場合などに困ります。電話やメールなどで情報を伝えることももちろんできますが，非常勤講師は，他の学校でも授業をもっていることがあります。連絡がつきにくいこともあるため，Google Classroom などを活用すると，情報共有がしやすくなります。

２．授業スケジュールの調整

　　非常勤講師の授業スケジュールを把握し，他の教員との時間割の調整を行います。これにより教室や設備の予約がスムーズに行われます。

３．業務の調整と責任の明確化

　　非常勤講師の業務内容や責任の範囲を明確にし，担当する科目やクラスを割り当てます。必要に応じて，授業の進捗度や評価についても調整をお願いすることがあります。

4．代行やサポート体制の整備

　　非常勤講師が欠席する場合やサポートが必要な場合に備えて，代行や補助の体制を整えます。

日々の動きについての共有を

　非常勤講師は，授業をメインに担当するので，職員会議等に出席されることはほとんどありません。学校の動きや学年の動きなどを知る手段が少ないので，学校の一員として，行事などの動きを確実に知らせるようにしましょう。学校の動きがわかっていれば，不安に思うことも少ないはずです。情報を確実に伝えることで，授業の進度や質の向上を目指すことができるので大切です。

　学年主任や担任から伝えることも多いと思いますが，全体をある程度把握している教務主任から第一報を伝えると漏れがなくてよいでしょう。必要に応じて授業を担当しているクラスの状況や日々の生徒の動きも伝えます。

生徒指導上の動きは特に丁寧に共有を

　特に，生徒指導上の動きは丁寧に伝えておく必要があります。例えば，家庭が厳しい状況にある生徒に不適切な指導をしてしまったり，いじめ問題が生じている時に加害生徒と被害生徒を一緒のグループで活動させてしまったりすると，困ったことになります。

　以上のようなことを考慮することで，非常勤講師も学校のチームに円滑に統合されますし，学校運営や教育活動の基盤が整います。

非常勤講師への連絡は，漏れがないように教務主任がまとめて行う。特に，行事に向けた活動や生徒指導上のことなどは丁寧に伝える。

34 試験監督の割り振りを工夫する

- 試験監督の割り振りをどのように考えるのか？
- ミスが起きないようにするためにどうするべきか？
- 試験運営を円滑に進めるためには，どんな工夫が必要か？

試験監督の割り振り

　定期試験の割り振りを決定するのも教務主任の仕事です。試験の監督表を作成する際に注意すべき点はいくつかあります。

1. **詳細な情報の記載**
　　　各試験の日付，時間，場所，試験内容などの情報を明確に記載します。誰でもすぐに必要な情報を見つけられるようにしましょう。
2. **担当者の指定**
　　　各試験の監督を明確にすることで，役割分担がはっきりし，混乱やミスを防ぎます。
3. **特別な配慮が必要な生徒の情報**
　　　特別な配慮や支援が必要な生徒に関する情報を集約し，適切な対応をするよう周知します。

　これらのポイントを考慮して，試験の監督表を作成すると，試験運営が円滑に進むことが期待できます。また，連続して同じクラスを担当させない，試験監督が連続しないように空きコマをつくる，初任の先生をベテランの先生とペアにして試験監督を行うなどの工夫をすることでミスを減らすことができます。

試験初日の１時間目は学級担任を試験監督に

　試験初日の１時間目の試験監督は学級担任にお願いするのがおすすめです。その利点は次のようなところにあります。

１．生徒へのサポートと指導

　　　担任は，クラスの生徒たちのことをよく理解しています。それぞれの個性や特性を把握している担任を試験初日の１時間目に配置することで，生徒の心理的な不安を取り除き，緊張感を和らげることができます。

２．緊急時の対応

　　　試験中に予期せぬ事態が発生した場合，担任は生徒をよく知っているため，迅速かつ適切な対応ができます。例えば，体調不良や不正行為の発覚などに対して，即座に対応することができます。

３．試験後のフォローアップ

　　　試験が終了した後，担任は生徒とコミュニケーションを通じて，試験の結果や次の学習計画について情報を収集することができます。生徒が抱く感情や不安を収集し，今後のサポートに役立てることができます。

　上記のように生徒への支援と試験運営の効率化を図ることができます。例えば，１組担任：国語，２組担任：社会，３組担任：理科，４組担任：数学，１・２組副担任：英語，３・４組副担任：美術，学年主任：保健体育であるならば，「英語」「美術」「保健体育」のいずれかの科目を１日目の１時間目に設定すれば担任が自分のクラスの試験監督を行うことができます。

定期試験の監督の割り振りは教務主任の仕事である。
試験初日の１時間目の試験監督は，担任が行うとよい。
なるべく担任が試験監督を多く担当するように組むとよい。

第４章　授業計画と評価　081

35 学校全体で評価方法の共通理解を図る

- 評価の根本的な部分を学ばないと、教務主任の仕事は務まらない。
- 管理職と評価の在り方を協議し、先生方に示そう。
- 次期学習指導要領にも関心をもち、心構えをしておく。

評価方法の周知

　筆者は教務主任を務めている時に、学習指導要領の改訂を体験しました。学習指導要領は、文部科学省が定めている教育課程の基準です。10年に1度改訂され、生徒が社会に出た時に必要な資質能力を育むために何を目的とすべきなのかを示しているものです。教育課程の基準ですので、教務主任はその内容を把握し、教職員へ伝える必要があります。

　前回の改訂では、評価が4観点から3観点へと大きく変更されました。「知識・技能」「思考・判断・表現」「主体的に学習に取り組む態度」です。この3観点の評価をどのように行うのかということを学校として考える必要がありました。

　筆者が勤めていた市区町村では、その市の中学校の教務主任会があり、その中である程度の基本となる評価の形をつくっていました（右ページ参照）。この形を基本とし、各学校としてどのように評価をしていくのかを考えました。本来であれば、各教員が学習指導要領を読み込み、理解・実践していかなくてはなりませんが、その時間が正直ありませんでした。そのため、スタンダードな部分、軸となる部分を教務主任が示すことが多くなります。

　先生方には、学習指導要領がなぜ改訂されたのか、根本的なことを伝える必要があります。特に評価については、これまでの先生方の考えと違ってい

ることがあります。現行の評価は，改めて学習の評価をしっかりしようということが打ち出されています。例えば，行動面ではなく，学びをどのように評価していくのかということです。挙手回数や課題を提出したかどうかなどではなく，挙手の際の発言内容が学びにつながっているか，課題解決している内容が学びに結びついているかなどです。

特に，課題を出した場合，解決へのアプローチや到達度を評価する必要があります。今まで以上に課題と授業との関連を考える必要があることになります。

何より，生徒の学習の現在地を知り，評価が教員の授業改善につながり，生徒が意欲を向上できるようにしていくことが大事です。次期改訂時に教務主任をしているようであれば，次の改訂の説明や様々な準備に向けて，後手に回らないようにすることが必要です。

ある学校での評価例

知識・技能	思考・判断・表現	主体的に学習に取り組む態度	評定
A	A	A	5・4
A	B	A	4
B	A	A	4
B	B	B	3
B	C	B	3
C	B	B	3
B	C	C	2
C	B	C	2
C	C	C	2・1

教務主任は学習指導要領の改訂やその意図をしっかり勉強する。
自分で把握した評価方法を全教員にわかりやすく伝える。
全教員に評価方法を示した後，理解したかどうか確認する。

第4章 授業計画と評価 083

36 学校評価アンケートを教育課程に生かす

なぜ，学校評価を行わなければならないのか？
ただ単に学校評価を「実施」すればよいというものではない。
結果をどのように生かすかが重要。

学校評価アンケートとは

　11月～1月頃に，各学校で児童生徒，および保護者を対象とした学校評価アンケートが実施されます。その結果は集計され，公表されています。なぜ，学校評価アンケートを行うのでしょうか。それは，2007年6月に改正された「学校教育法」に次のように規定されているからです。

> 小学校は，文部科学大臣の定めるところにより当該小学校の教育活動その他の学校運営の状況について評価を行い，その結果に基づき学校運営の改善を図るため必要な措置を講ずることにより，その教育水準の向上に努めなければならない。
>
> 「学校教育法」第42条（第49条準用）

　また，同第43条にて，学校に関する保護者及び地域住民その他の関係者の理解を深め，連携及び協力の推進に資するため，学校の教育活動その他の学校運営の状況に関する情報を積極的に提供する旨も規定されました。

　学校教育法第42条の規定を受け，「学校教育法施行規則」が2007年10月に改正され，以下の内容が新たに規定されました。

○自己評価の実施・公表（第66条）
○保護者など学校関係者による評価の実施・公表（第67条）
○評価結果の設置者への報告（第68条）

　学校評価アンケートを行うのには，いくつかの重要な理由があります。
1．改善のための情報収集
　　　アンケートを通じて，児童生徒や保護者，教職員が学校の現状や課題について考えることができます。学校は必要な改善点を特定し，質の向上を図ります。
2．透明性と信頼の構築
　　　学校評価アンケートは，学校と保護者や地域などのコミュニティとの間で，信頼関係を築くことができます。関係者が自分たちの声が聞かれていると感じることは非常に重要です。
3．政策決定の支援
　　　アンケート結果は，学校の政策や方針を決定する際の重要な情報となります。具体的なデータとして，教育委員会や学校の管理者がこれらの情報を利用して意思決定を行うことができます。

　これらの理由から，学校評価アンケートは教育施設の健全性と持続可能性を確保するために重要な手段とされています。単に法律で定められているから行うというのでは，意味がありません。

学校評価の目的は，学校運営の改善と学校の発展にある。
アンケートを分析し，その結果を次年度以降の教育課程に生かす。

Column

教育課程のリーダーとして自ら研鑽を積む

　教務主任は，教育課程のリーダーです。リーダーが教育課程の仕組みや他の先進的な学校の取組などを知らなければ，カリキュラムマネジメントに取り組むことはできません。「自ら研鑽を積む必要がある」と心得ましょう。

　自治体で教務主任を対象にした研修が複数回行われるはずです。まずはその研修を受け，わからないことは担当者に質問しましょう。ただ，それだけでは自分がこれから成し遂げたい教育課程の改善，すなわちカリキュラムマネジメントについて勤務校の実態と合う知見が得られるとは限りません。

　自分の胸にストンと落ちていないことを他の教員に教務主任として伝えたとしても，説得力は弱いでしょう。初年度は難しいとしても，2年目以降はその学校に適したものを1つでも提案し，貢献したいものです。

　そのためには，自ら研究会に参加し，視野を広げ，知見を得る必要があります。単に必要に駆られて参加する研修だけでなく，国の動きや世界の動きをとらえたものなど，ご自身でちょっと興味があるかもしれないと思った研究会に参加してみると，思ってもいないところで教務の仕事にヒントが得られることもあります。

　免許更新制度も廃止され，学び続ける教員と，学生時代から何ら知識の更新をせず学ばない教員との格差は広がっています。大学教員ですら，様々な法や仕組み，情勢等が刻々と変化していくことを押さえていくのは大変なほど，変化が著しいと感じています。中学校で教育課程のリーダーを担う教務主任は特に，学び続けてほしいと期待します。継続して研鑽を積まなければ，教員に対してうまく説明することなどできません。

　教務主任に時間がないことは，容易に想像がつきますが，自分が関心のあるものなら，苦にならない気がします。どんな研修であれ，角度をずらせば自分の学校の改善につながり，生かせるのではないでしょうか。

第5章
書類の作成と管理

37 緊急度と重要性の視点で優先順位をつける

教務主任の行う書類関係の仕事は膨大である。
その仕事を効率的に行うためには？
仕事の優先順位をどうつける？

順位をつけるためには

　教務主任としてのタスクを緊急度と重要性の観点から4つのパターンに分け，優先順位をつけて整理します。1から順に優先順位が高いです。

1．**緊急度が高く，重要性も高い**

　　これは，すぐに対処しなければならない重要な仕事です。
　　具体例）時間割の変更，情報漏洩やセキュリティ問題への対応

2．**緊急度は低いが，重要性は高い**

　　ここには，時間にある程度余裕をもちながらも，長期的な目標や重要なプロジェクトに取り組む仕事が含まれます。
　　具体例）カリキュラムの見直しと改訂，学校の評価と改善

3．**緊急度は高いが，重要性は低い**

　　ここには，緊急性があるが比較的重要ではないタスクが含まれます。例えば，急な会議や突発的な問題の対応などが該当します。
　　具体例）急な来客対応，校内行事の小規模な調整

4．**緊急度も重要性も低い**

　　優先度が低い仕事がこのカテゴリに含まれます。これらのタスクは，他の重要な仕事に比べて対応する頻度が低く，時間の余裕がある場合に取り組みます。

優先順位を視覚化

　しなければならない仕事をカテゴリ別に分けることで，優先順位をつけやすくなります。ホワイトボードを使って可視化すると，日々の管理がより効果的に行えるでしょう。

○優先順位のつけ方
　①ホワイトボードとポストイット等を準備する。
　②ホワイトボードを4つの象限に分けるための線を引く。
　③各タスクをポストイットに書き込む。タスクの内容を簡潔に記載し，必要に応じて期限などの情報も記入する。
　④カテゴリに分類する。
　⑤ポストイットをそれぞれのカテゴリに貼り付ける。
　⑥定期的にポストイットの内容を見直し，必要に応じて位置を変更する。

		緊急度	
		高い	低い
重要性	高い		
	低い		

緊急度と重要性の観点から考えて優先順位をつけ，取り組む。朝，家を出て学校に着くまでに，今日やるべき仕事を頭の中で整理する。

38 カテゴライズとナンバリングを施す

膨大なデータをどのように処理するのか？
その都度，データの処理をしなければ，後で対応しづらくなる。
処理を迅速に無駄なく行うためのコツを習得する。

カテゴリの決定

　データを管理するためには，カテゴリに区分することが重要です。カテゴリに区分することで，データの整理，検索，分析が容易になり，効率的な管理が可能になります。

　カテゴリとは，類似した特性や属性をもつデータや項目をグループ分けしたものです。まず，データを整理するカテゴリを準備します。そして，カテゴリごとにフォルダを作成しましょう。

　筆者の場合は，担当の校務分掌は以下の9つの内容でしたので，それに加えて「その他」のフォルダを1つつくり，10のフォルダに分けていました。

①教育課程全般　②行事予定　③時間割　④日課・チャイム　⑤給食事務
⑥転出・転入　⑦教科書　⑧地域連携　⑨小中一貫　⑩その他

　「⑩その他」は，どこにも該当しないものを入れますが，全ての文書を入れると，処理できなくなります。ある一定期間が過ぎたら，中にある文書を削除するように心がけましょう。

090

ナンバリングの使用

　フォルダは，校務分掌の係ごとにつくり，担当者の名前を入れておくと便利です。また，ナンバリングを有効的に使うことで，整理しやすくなります。
　ナンバリングとは，各カテゴリに対して独自の番号を付ける方法です。カテゴリ内での識別が容易になり，探す時間の短縮につながります。

📁 教育課程全般	📁 100 教育課程全般【○○】
📁 教科書	📁 110 行事予定【○○】
📁 時間割	📁 120 時間割【○○】
📁 小中一貫	📁 130 日課・チャイム【○○】
📁 地域連携	📁 140 給食事務【○○】
📁 転出・転入	📁 150 転出・転入【○○】
📁 日課・チャイム	📁 160 教科書【○○】
📄 チャイム・日課作成の注意点.docx	📁 170 地域連携【○○】
📄 教科書事務荷動き.docx	📁 180 小中一貫【○○】
📄 日課表.xlsx	📁 199 その他
📄 要録作成の注意点.docx	

必要なデータをすぐに引き出せるよう，整理する癖を日頃からつけておく。
できる教務主任は，データ管理に無駄がない。

第5章　書類の作成と管理　091

39 Excelの関数を味方につける

いろいろな関数を知ると，教務主任の仕事はかなり楽になる。パソコンに長けた同僚の力も活用し，自分のスキルに取り入れていこう。

Excelでは関数の活用を

○時間割の作成

　時間割の作成はパズルのようなものです。市販のソフトもありますが，筆者はExcelを駆使して作成していました。自分で作成する方が頭に入りやすく，動かしやすいと感じていたためです。具体的には，IF関数を使用していました。例えば，右の「理」のセルに下記のように関数を入力していました。

```
=IF(H$23="1-1"," 国 ",IF(H$22="1-1"," 社 ",IF(AND(H$21="1-1",H$37="1-1")," 数 ",IF(H$25="1-1"," 理 ",IF(H$24="1-1"," 英 ",IF(H$48="1-1"," 音 ",IF(AND(H$26="1-12",H$46="1-12")," 体 ",IF(H$39="1-1"," 美 ",IF(H$40="1-1"," 技 ",IF(H$42="1-1"," 家 ",IF(H$22=" 道 "," 道 ",IF(H$22=" 総 "," 総 ",IF(H$22=" 学 "," 学 ",""))))))))))))))
```

　教科担当教員（例：理）の行に1－1とクラスを入れると，1年1組の時間割の欄に理科と反映されます。

　上では，IF関数の積み重ねで行っていますが，INDEX関数やMATCH関数を組み合わせるとよりシンプルにすることも可能です。週時数の累計には，COUNT関数を使って

いました。合計累計数は，週ごとに作成していたExcelのシートを串刺しして数えていました。各学校にある今までの教務主任が使用していたものを自分が使いやすいようにアレンジしていくとよいのではないかと思いますが，何より自分に合った方法が一番です。

　学力分析やアンケート分析などでもExcelはよく使います。こうした分析関係の仕事では，数値を入力すれば結果が出るマクロを組むこともあります。

　どういった数値が必要になるかで，やり方は変わってきます。最後は，実態との乖離や判断を教職員全体で話し合い，何に生かしていくのかということを含めて協議しますが，とりあえず教務主任は分析までを担います。

　他の人が担う分掌においても，提出物関係でExcelが使用されることはよくあります。Excelの機能にはシートの保護があり，マクロを敷いて整合性を確認することもあります。整合性がとれていないとシートが完成されないため，資料の作成が滞ることがあります。教務主任がシートの意味や関数を理解し，どのセルがどのセルと結びついているのかなどを把握していると，担当分掌の先生方を助けることもでき，ゆったり構えることができます。

　技術もどんどん進化し，アンケートの分析もアンケート集計アプリなどを使用して行うことが多くなってきました。今までのようにExcelで手集計し，数を足して，グラフを作成・分析するという作業も少なくなってきています。

　筆者は，教務主任になってから，次に教務主任になる方にとって時間割の作成や職務がもっと楽になる方法はないかと模索し続けてきました。できるだけ簡単でシンプルにできる方法を考え，次にバトンを渡したいものです。

> パズルのような時間割も，Excelを活用すればサクサクできる。
> Excelを使いこなせると，安心して教務主任の仕事ができる。
> データ処理は日々進化中！　模索すればもっとスムーズにできるかも。

40 徹底した方法の下で管理と保管にあたる

> 教務主任の業務は多岐にわたる。
> 特に校内文書類の保管のミスは許されない。
> 保管には，どのような注意と工夫が必要だろうか？

校内文書類の保管

　教務主任の業務の中でも校内文書類の保管は重要な業務の1つです。校内文書類及び個人情報の取り扱いは以下のことに気をつけて行いましょう。

1. 情報の保管と管理

　　文書や個人情報は安全な場所に保管し，不正アクセスや紛失を防ぐために適切な管理体制を整えます。

2. アクセス制限

　　重要な書類で取り扱いに注意が求められる情報は必要最小限の人員のみアクセスできるように制限し，情報漏洩を防ぐための措置を講じます。

3. 情報の共有と通知

　　必要な人員にのみ情報を共有し，文書や個人情報の取り扱いに関する適切な通知や指導をします。

4. 廃棄処分の適正化

　　不要になった文書や情報は適切に破棄し，情報漏洩のリスクを最小限に抑えます。シュレッダーを使用するなど，安全な廃棄方法を用います。

5. 法的規制とコンプライアンス

　　個人情報保護法やその他の関連する法的規制を遵守し，校内文書類や情報の取り扱いが法的要件に準拠していることを確認します。

適切な管理・廃棄方法

　各学校で，校内文書類および個人情報の取り扱いに関する内規を作成しておくことは必須です。各書類の保管について「文書名」「保存期間」「管理者」「保管場所」「取り扱い」の情報を表にすると情報を共有しやすくなります。

　廃棄にあたっては，教務主任と事務担当の二人でダブルチェックを行うなどの工夫がミスを防ぎます。

<参考>文書等の取り扱いについて（非：非常時、持ち出し文書）

文書名	保存期間	管理者	保管場所	取り扱いについて
指導要録　様式1 　　　　　様式2	20年 5年	教務主任	事務室耐火金庫	卒業（除籍）年度別に厳封保管
出席簿	5年	教務主任	事務室耐火金庫	年度ごとにまとめて保管
出席簿（使用中）		学級担任	職員室内棚	授業時間帯以外は職員室保管
卒業生台帳	永年	進路主任	校長室金庫	
学齢簿及び関係書類	就学義務終了まで	教頭		
健康診断表	5年	養護教諭	事務室耐火金庫	
歯の検診票	5年	養護教諭	事務室耐火金庫	
職員会議録	3年	教務主任	職員室鋼製書庫	
学級編成資料	卒業迄	各学年主任	学年ロッカー	卒業後、当該学年で廃棄（カード等）
学級生徒名簿	1年	生徒指導係	各職員＋職員室2	新年度に旧年度のものを回収、廃棄
家庭のようす		生徒指導係	職員室内棚	持ち出し禁止
卒業アルバム		生徒指導係	校長室内鋼製書庫	持ち出し禁止
生徒指導写真		生徒指導係	職員室内棚	持ち出し禁止
各種承諾書	年度終了まで	各担当	各担当や学級担任	年度終了時に廃棄
校納金関係	3年	学年会計	事務室耐火金庫	
電子データ	卒業後1年	各担当	【S資産】【public】	
通信簿	一時保管	担任	職員室ロッカー	

POINT!　少人数のアクセス制限で情報漏洩を防ぐ。
　その他，いじめ事案等の記録については5年間保存する。

第5章　書類の作成と管理　095

41 指導要録
—公文書として丁重に扱う

指導要録の記載事項については，必ず教員全体に確認しよう。記載事項の変更がある場合は，正しい手順を踏んだ後，確実に変更する。

指導要録とは

指導要録は，「学校教育法施行令」第31条，「学校教育法施行規則」第24条・第28条を根拠に，作成しなければならない資料です。

> 校長は，その学校に在学する児童等の指導要録を作成しなければならない。
> 「学校教育法施行規則」第24条

様式1とは

生徒の学籍情報が記載されているものが，様式1です。4月1日を基準に作成します。住民票記載事項を基に作成されるため，小学校からの引き継ぎが大切です。小学校から届く指導要録の抄本との合致を確認しましょう。

確認がとれたら，指導要録用の紙をプリントアウトし，その後変更があればその都度書き加えていきます。例えば，保護者より住所変更の申し出があった場合，いったん仮でこちらが聞いておき，メモをとっておきます。その後，教育委員会で手続きを終えて，教育委員会より正式な通知が来た際に，指導要録への変更を行います。公文書ですので，正式な決定があるまで行わないようにしましょう。変更の仕方は，旧住所を二重線で訂正し，新住所を

その下に書きます。様式1は，第2・3学年に進級した際に，学年の先生方に協力をしてもらい，確認しながらクラスごとに分ける作業を行います。

様式2とは

　生徒の評価や所見，出席日数など指導に関することを示しているものが，様式2です。教科の評価については，年度末に生徒・保護者に返している年間の評価と一致しているのか確認をしましょう。

　文章で評価を記述するところは，常体で書かれていることが多いです。通知表は，敬体で書かれていることもあり，どちらで書いてよいのかを迷う時があります。管理職に確認をし，学校としてばらつきがないようにしましょう。正しい文章で端的に書かれていれば，敬体，常体どちらでも構いません。

保管について

　指導要録の保管場所は明確にしておきます。学籍に関する様式1は20年間の保管，成績等に関する様式2は5年間の保管です。紙で保管する場合は保管期間が異なるので，別々に保管することをおすすめします。この場合，表面に「〇年度作成，〇年度廃棄」と書いておきましょう。学校で保管するスペースにも限りがありますので，廃棄の年度になった際には，管理職と必ずダブルチェック，トリプルチェックをし，廃棄を確実にしていきましょう。

　最近は，校務支援システムで作成し，データとして保存することも多くなってきました。各市区町村で使われている校務支援システムを把握し，スムーズな作成を心がけましょう。

指導要録は，規則で義務づけられている。必ず作成を！
保管期間や廃棄は，管理職と一緒に必ず確認し，責任をもって取り扱う。

42 出席簿①
―校内で書き方を統一する

> 公簿として残すものなので，確実な記録を。
> 出席簿の補助簿を有効に活用しよう。
> 補助簿の書き方は校内で統一しておこう。

出席簿とは

> 小学校，中学校，義務教育学校，中等教育学校及び特別支援学校の校長は，常に，その学校に在学する学齢児童又は学齢生徒の出席状況を明らかにしておかなければならない。
> 「学校教育法施行令」第19条第1項

> 校長は，当該学校に在学する児童等について出席簿を作成しなければならない。
> 「学校教育法施行規則」第25条

　法律では，校長が出席簿を作成することになっていますが，実際は各学級担任と授業担当者で作成します。1日の出席状況について，最終的には各学級担任が確認していることが多いです。
　日々の出席については，紙の出席簿で記していくことが多いです。各クラスに1部出席簿を教務主任が準備します。学期ごとに用意することが多いです。中学校では，授業担当者が毎時間替わるので，次の授業担当者に出席簿を確実に手渡すようにするため，授業担当者は職員室に毎回持って帰り，次の授業担当者が持っていきます。1時間ごとの生徒の出席状況をその授業担

当者が把握するわけですが，実技や実習科目では連携することも大切です。
　出席簿には，1日の各クラスの生徒の出欠の状況，遅刻，早退，欠課などを記していきます。

1日の書き方（例）

	月　日（曜）	○月○日（○曜）						
	時限		1	2	3	4	5	6
	科目		国語	英語	理科	保体	社会	数学
	教科担当	大村	田中	片山	井田	大村	長原	角田
番号	生徒氏名							
1	A	／	／	／	／	／	／	／
2	B	チ						
3	C			ソ	／	／	／	／

＊「／」…欠　「チ」…遅刻　「ソ」…早退
A：欠席　B：始業時，遅刻　C：2時間目早退，4欠課

　この紙での出席簿の書き方については，年度当初に教職員全体に周知を徹底しましょう。書き方の認識が徹底しておらず，バラバラで記されると，最終的に確認する際大変です。
　最近は，校務支援システムを活用した出席簿が公簿となることが多いです。そうなると紙での出席簿は，補助簿となりますが，記録として残すもの，デジタルでの出席簿の基となるものですので，確実な記入ができるようにしていきましょう。

出席簿の作成は，校長の法的義務であるが，実際には各学級担任と各授業担当者で作成する。
出席簿（補助簿）の書き方については，教務主任を通じて統一し，確実に記入する。

第5章　書類の作成と管理　099

43 出席簿②
―校務支援システムを使いこなす

- 校務支援システムでの出席簿の作成方法を熟知する。
- 学年主任とチェックするところを共有しよう。
- 保管と廃棄を確実に！

出席簿の管理

　出席簿の管理は，校務支援システムを使って行うことが多くなりました。毎日の出席については，まだ紙の出席補助簿で行っているところが多いと思いますが，公簿としては，デジタルで記入されたものが主流になっています。

　校務支援システムでデジタル化が進んだことで，通知表や指導要録の出欠の欄に日々の出欠が紐づけされるようになりました。日々の出席の記入を確実に行うことで，学期末や年度末の事務的な作業も楽に行うことができるようになります。

授業日数の設定

　出席に関わる校務支援システムの中で，授業日数の設定はとても大切です。この授業日数の設定を誤ってしまうと，トータルの授業日数が変わってしまうからです。月ごとや学期ごとの累計が，教育課程編成資料や年間計画・月計画の日数と合致しているのかしっかりと確認しましょう。特に土曜参観日や振替休日，自然災害で臨時休校になった日などがあればすぐにシステムに反映させるようにします。

入力方法の周知と運用

　年度当初の職員会議では，デジタルの出席簿の入力方法を教職員全体に周知します。出席，欠席，遅刻の場合など，あらゆる状況において，どのボタンを押せばよいのか，また一括で入力するにはどうしたらよいのかなどが，わかりやすく書かれたマニュアルを示すと，全教職員に理解してもらえます。

　各学級担任は，日々の出席状況を把握し，月末に校務支援システムに入力します。その後，各学級の月の出席を印刷し，学年主任のチェックを受けます。学年主任には，教務主任と同様の形でチェックするように伝えます。

　特に，出席しなければならない日数と，出席日数と欠席日数（出席停止日数も含む）の合計が一致しているかどうかを確認します。この日数が一致していない場合，どこかの日にちで記入漏れが生じていることなどが考えられますので，もう一度出席補助簿で月末の累計数と合っているかを確認します。学年主任のチェックを終えたら，教務主任が最終確認をします。

データの保管

　チェックし終えた出席簿は，最終的に校長が確認し，保管という形になります。筆者は，各学年・クラスで月別に印刷し，紙ファイルでの保管もしていました。5年間保存する必要があるものですので，年度末には作成年度・廃棄年度を記します。デジタルで保存する場合も，どこのフォルダに入れているのかを明確にします。チェックし終えた出席簿データを，閲覧専用にするなど，保管・保存についても一工夫しておきます。

校務支援システムでデジタル化されたため，通知表の出欠の欄や指導要録の出欠の欄と紐づいている。
全てが紐づくので，最低でも月ごとには確実に仕上げていく。

第5章　書類の作成と管理　101

44 通知表①
―担当者とスケジュールを明確にする

通知表は児童生徒の状況を伝える手段。
精度の高い通知表が求められる。
通知表の作成をミスなく，計画的に進めるためには？

通知表とは

　通知表は，学期ごとに生徒の評価を記し，生徒や保護者に今後の学習の見通しをもたせるための資料ですが，法令上の規定や，様式に関して国として例示したものはありません。

　作成，様式，内容等は全て校長の裁量ですが，自治体によっては校長会等で様式の参考例を作成している場合もあります。

　通知表は法的に必須ではないものの，作成にあたっては，精度の高いものが求められます。ミスを防ぐために，計画的な進行とマニュアルの作成が必要です。マニュアルを作成する際には，誰がいつまでに何をするべきかを明確にします。

役割と作業内容

1．学級担任
　　役割：各生徒の成績を集計し，所見を作成する。
　　作業内容：所見を作成する。
　　　　　　　出欠，遅刻，早退，欠課を入力する。
　　　　　　　進捗状況を定期的に報告する。

2．教科担当教員
　役割：担当教科の成績を入力する。
　作業内容：試験，宿題，小テストなどの成績を集計する。
　　　　　　各教科成績個票と照合する。
3．教務主任
　役割：全体のスケジュール管理，進捗確認，問題発生時に対応する。
　作業内容：各担当者がスケジュール通りに進めているか確認する。
　　　　　　必要に応じて，補助や調整を行う。
　　　　　　通知表の内容を確認し，印刷・配布準備をする。

　年度はじめの職員会議等で，以下のようなスケジュールの作業目安を提示すると新人教員にも見通しが立ち，円滑に進めることができます。

令和○年（○年）○月○日

通知表作成にかかわる作業目安について

教務管理グループ長　○○　○○

2週間前（14日前）　（後期のみ）「所見・道徳の評価」締切日
　　　　　　　　　　　　　　　＜提出先＞　担任　→　学年主任　→　管理職（校長・教頭）
　　　　　　　　　　　　　　　※ 学年主任の校正後，担任は修正ののち，管理職に10日前に提出する。

11～12日前　各教科の担当者は教科会を実施し，成績の妥当（評価資料も含め）を検討する。また，校務支援に入力をし，『228_各教科成績個票』『成績ソフト』，『評価評定観点別項目表』との整合性を確認する。

10日前　「評価評定」締切日（8:00 締切り）　放課後に成績検討委員会を行う。
　成績検討委員会では，『分布表』は教務主任，『評価評定観点別項目表』は学習G長，『228_各教科成績個票』は学年教務が準備する。
　修正の指示は，学習G長の指示のもと，学年主任が教科担当者に伝え，修正を行う。
　※ 再度，成績検討委員会を行うかどうかは，管理職および学習G長決定する。

POINT!

所見や成績の内容に不備がないよう，二重チェックを徹底する。
必要に応じて，担当者間で情報共有を行い，円滑な作業進行を図る。
締切日を厳守し，遅延の発生は直ちに教務主任に報告させる。

45 通知表②
―入力方法と記載内容を明確にする

校務支援システムでの通知表の作成方法を熟知する。
通知表に記載する内容の文言などは年度当初に確認しておくと，スムーズに事が運ぶ。

通知表の作成

　通知表には，学習の評価や記録を記載します。教科等の観点別学習評価とそれを基にした評定，特別の教科 道徳，総合的な学習の時間，特別活動，総合的な所見，出欠の日数などを記入します。

　最近では，校務支援システムと連携されていることが多くなりました。通知表の作成方法，テンプレートの扱い方などについては，確実に押さえておきましょう。必ずと言ってよいほど，先生方から毎学期の通知表を作成する時期になると質問されます。

　例えば，入力に関してのことです。校務支援システムに直打ちすることもできますが，一括で入力したい先生がほとんどです。この場合，校務支援システムから出されたファイルでしか入出力できないということがあります。それも，教科等の評価・評定と文章で記載するものでファイルが異なる場合もあります。あらかじめ入出力専用のファイルを校務支援システムから出しておき，校務パソコンに，1学期，2学期，3学期，要録用とフォルダを作成し，そのファイルを入れておくことで校務支援システムとつなげることができます。年度当初や通知表の作成時期に，このフォルダのことを説明し，何度か確認をすると，スムーズに通知表の作成を行うことができます。

　通知表の記載内容については，学校ごとに少し違いがあります。総合的な

所見など記述で評価するものについては，1年間の学習を経て評価するため，年度末に書き記すことが多くなりました。

特別活動の内容については，各種検定の取得や部活動の大会など，どこまでを記入するのかを明示しましょう。どの学期の通知表に何を書かなければいけないのか，内容はどういったことを書くのかは確実に示しておきましょう。文章で書く際には伝わりやすいように敬体を用いることが多いです。

以前は学期ごとに記述評価（総合的な所見等）を記載していたのですが，教員の負担軽減もあって，上述したように記述評価については年度末のみに記す学校が徐々に多くなってきました。すると，教科の評価のみとなる学期も出てくるので，生徒個人の頑張りや成長したことを伝える機会が以前より減っています。

このため，日常の連絡や個人懇談を通して保護者に伝えることが，以前よりも大事になってきました。こうした保護者への日常の連絡や懇談の大切さを担任の先生には意識してもらい，生徒に対しても日常から評価を返す，評価に関して説明をするということを意識してほしいものです。

用紙の管理

それぞれの学期で，通知表を発行するので年間で3回作成します。通知表には，どのサイズの紙を使用するのか，またどのようなタイプの紙を使って作成するのかという問題がたまに生じます。いざ作成しようとした時に，紙がない！　ということもありました。余計な心配を減らすためにも，事務担当の方と確認し，通知表用の紙を確保しておきましょう。

通知表の大枠を準備し，確認するのも教務主任の大事な仕事。通知表を書く際になって，教員が慌てなくて済むように，職員会議の資料に作業目安や記載内容を事前に示す。

46 転入手続き
―いつでも迎え入れられる準備をする

転出入の手続きは教務主任の仕事。
転入手続きで突然保護者が来校したらどうする？
慌てずに進めるために，しっかり準備をしよう。

転入手続きは突然に

突然保護者が来校する転入手続きにも迅速に対応できるようにするために事前に準備をしておきましょう。

1．対応マニュアルの作成

突然の来校に対応するためのマニュアルを作成し，教職員全員で共有しておきます。マニュアルには，必要な書類や手続きの流れを明記しておきます。

2．必要な書類の提供

必要な書類やフォームを常に用意しておきます。すぐに渡すことができるように，ウェルカムキットをつくっておくとよいです。また，必要な場合すぐに印刷できるように，書類をデジタル化しておくこともおすすめします。

3．迅速な対応

転入手続きのために来校した保護者を優先的に対応するようにします。電話で転入の連絡があった際は，速やかに各担当に伝えることができるように情報共有ができるシステムをつくっておきます。

必要な書類

転入手続きの際，必ず受け取る書類は以下の3つとなります。

1．**転入学通知書**

　　転入先の市区町村の役所に発行してもらうものです。「市民課」等に「転入届」を提出し，「転入学通知書」を窓口で受け取ります。

2．**在学証明書**

　　転出する学校から発行してもらう書類です。間違いなく「本校に在籍していた」と証明する書類になります。

3．**教科用図書給与証明書**

　　転出する学校から発行してもらう教科書関係の書類です。教科書は市区町村によって採択している出版社が異なります。同じ場合は，継続して使用しますが，異なる場合は給与する必要があります。

　この他にも，副教材の発注や給食の手続きなどもあります。学校便覧等や新入生説明会の際に使用した資料を用意しておくのもよいです。

A校の転入学マニュアル

①転入生の氏名・学年・連絡先を聞いて教頭に報告する。
②教頭が受け付け，「転入学通知書」を転出校へ発送する。
③「指導要録の写し」「健康診断票」「歯科検査票」を受け取る。
④教頭が転学関係書類受領証を転出校に返信する。
⑤転入学年の学級担任は，指導要録を作成し，健康診断表，歯科検診票を養護教諭に渡す。
　小学校抄本は教育課程グループ長に渡し，保管してもらう。

- 転入は突然あるので，日頃から渡す書類などを準備しておく。
- 転入学通知書・在学証明書・教科用図書給与証明書を出してもらう。
- 副教材や給食に関する転入生や保護者の不安を軽減する。

47 転出手続き
―漏れなくスムーズに進める

- 転出手続きは年度末に多い。
- 忙しい時期だからこそ，円滑に進める。
- 回覧板形式でスムーズに行う。

転出をスムーズに

生徒が転出する場合は，以下の書類を準備する必要があります。

1．**転学（退学）届**

　　生徒が別の学校へ転校する際に提出する届出書です。転出が決定した段階で保護者と連絡をすぐにとり，記入してもらいます。

2．**在学証明書**

　　校務支援ソフト等で出力します。公印が必要です。

3．**教科用図書給与証明書**

　　教科書事務担当者にすぐ連絡し，作成してもらいます。教科書の給与には時間がかかるため，転校先がわかる場合は，事前に担当者同士で打ち合わせをしておくとよいでしょう。

　また，会計処理を行う必要があります。給食費，教材費や積立金（修学旅行関係）などが対象です。きちんと計算し，精算します。返金または不足分の集金などは適正に処理するように担当者と教務主任とでダブルチェックするとよいでしょう。

回覧板形式で業務の見える化

誰が何の業務をするのかを1つの表にし，作業完了後に次の担当者に渡すことで，漏れなく迅速に対応することができます。

```
                    生徒転出票

  <生徒情報>
  学年・組・番号   （ ）年（ ）組（ ）番
  生徒氏名       （                    ）
  転出年月日      令和（ ）年（ ）月（ ）日（実際に学校を転出する日）


  上記の生徒は，『転出』するため，各担当で確認し，至急回覧してください。
  チェック欄には，確認者がわかるように，押印かサインをしてください。
```

順番	担当者	確認印 又はサイン	事務処理等
1	学級担任		出席簿・生徒名簿・連絡網の加除訂正、要録の印刷、給食人員の変更を給食担当へ連絡
2	学年教務		要録の写し、健康診断・歯科診断表の原簿、ゴム印の発送 ※ 封筒には送付書と受領書を添付
3	給食担当		数量の訂正、給食申込書を市へ提出
4	学年会計担当		削除の手続きを銀行へ提出
5	PTA書記		PTAへ連絡（クラス人数・家庭数変更の連絡）
6	養護教諭		健康診断票・歯科診断票を学年教務に手渡し（転出）
7	（市外転出入のみ） 教科書担当		『教科用図書証明書』の作成
8	教　頭	最終	「転学（退学）届」（複写式）を保護者に記入してもらい複写を教育委員会に送る。『在学証明書』の作成と発送

転学（退学）届・在学証明書・教科用図書給与証明書の準備を早急に行い，会計処理を済ませる。
生徒の持ち物や作品など，返却の忘れがないように留意する。

48 卒業生台帳
―永年管理のため慎重に保管する

第3学年の学年主任と確実に確認をしながら行う。
番号の割り振りについては慎重にチェックする。
保管場所を明確にしておく。

卒業生台帳とは

校長は，小学校の全課程を修了したと認めた者には，卒業証書を授与しなければならない。
「学校教育法施行規則」第58条（第79条準用）

　卒業生台帳は，学校開校時から中学校の課程を修了し，卒業証書を授与された者の記録がされています。台帳には卒業証書に，割り振られた番号が書かれており，現在の卒業生に至るまで，連続した番号で記されています。当該中学校の卒業生が何名いるのかということを把握する資料にもなります。

　卒業生台帳は公文書であり，「学校教育法施行細則」で，永年保管とされています。永年保管ですので，保管場所や保管の仕方を把握しておきましょう。基本的には，校長室などに置かれている耐久性の高い金庫にしまうことが多いです。最近では，データでの保存が主流になっています。校務支援システムで作成する方法も確認しておきましょう。

　卒業生台帳には，右ページに示すように，卒業証書番号や生年月日，氏名などが記されています。3年1組1番の生徒が，昨年度の最後の番号の生徒の続きになり，それが卒業証書番号です。

令和元年度卒業生　令和2年3月31日卒業
4組

卒業証書番号	氏名	生年月日	備考
第12343号	A		
第12344号	B		

令和2年度卒業生　令和3年3月31日卒業
1組

卒業証書番号	氏名	生年月日	備考
第12345号	C		
第12346号	D		
第12347号	E		

※記載事項は，各校で異なります。

卒業証明書を発行する場合

　年に1度あるかないかですが，卒業生から卒業証明書を発行してほしいという連絡がきます。証明書が必要な理由を尋ね，その卒業生の卒業年度・学級・名前を確認します。その情報を基に，卒業生台帳から，卒業証書番号を確認し，卒業証明書を作成します（データでテンプレートが用意されている学校もあります。卒業証書番号・卒業生氏名・生年月日・証明した日付・学校名・学校長名・公印などが必要です）。発行した場合は，卒業証明書発行番号を振り，誰にいつ渡したのかを確実に記録します。

卒業証明書は，教務主任と第3学年の学年主任で作成する。
卒業生台帳は，公文書で，なおかつ永年保管であるため，重要！

第5章　書類の作成と管理　111

49 学校受付文書
―確実に文書受付し，信頼を保つ

> 学校受付文書はすぐに確認して，担当者にできるだけ早く渡す。
> 提出関係文書はチェックしておき，校務分掌担当者とも確認する。
> 出張がある場合は，当日の時間割に配慮を。

学校受付文書の回覧

　学校に郵送やメールなどで送られてきたものは回覧し，学校として受付したかを記録します。学校受付文書の対応は，学校によって違いがあります。筆者が教務主任をしていた学校では，校長・教頭・教務主任・生徒指導主事は必ず回覧し，文書を確認後，押印もしていました。下記の例では，校長→教頭（担当者の記入）→教務主任→生徒指導主事→教務主任の順に回覧し，教務主任が担当者に手渡し，担当者がその資料を確認・保存しています。

学校受付文書の回覧例

○市収受		○市立○中学校		
受付日	R7.1.18	受付分類番号	NO.1427	
校長	教頭	教務	生指	担当
片山	松原	大村	田中	関貫

　学校受付文書が教務主任に回ってきたら，出張に関わる日付や提出しなければならない資料やその提出締め切り日を確認します。

　出張が必要となる担当者の日付・曜日については必ず確認し，出張当日に授業変更の必要があれば時間割を組み直します。担当者が余裕をもって出張に出かけられるよう教務主任として配慮しましょう。

学校受付文書で求められる書類の提出

　それぞれの分掌で提出しなければならない書類がある時は，教務主任もそれを把握しておく必要があります。学校として受付をしているものですので，提出が遅れると学校としての信頼が揺らぎます。校務分掌担当者も締め切りを意識しているはずですが，ダブルチェックすることで漏れがなくなります。次のことを意識し，確実に提出できるようにします。

①受付文書を渡す時に声をかける。
②リマインダーの機能等で確認する。
③提出がまだの場合，提出期限が近づいてきたら直接確認する。
④提出が完了したら，校務分掌担当者から教務主任に伝えてもらう。

　校務分掌担当者に直接メールで連絡がある場合や，出張先で今後の予定や出張依頼文書をもらうこともよくあります。宛名が学校や学校長である場合には，必ず事務を通して文書の受付をするように全体に共有します。特に出張が関わってくると，授業も配慮して組まないといけません。把握が遅くなると，もう一度組み直さなければならなくなるので注意が必要です。

　その他，学校受付文書の中には，回覧のみで済むものもあります。その場合は，ある程度種別分けをしておき，教務主任がファイルで保管します。学校受付文書の対応では，ハンコを押す機会が増えます。すぐに押せるワンタッチ式のアイテムを用意しておくとよいでしょう。

学校に送られてきた文書は，確実に回覧し，記録に残す。
校務分掌担当者の担当する提出物は，教務主任がダブルチェックして確実に提出する。

50 学年会計
―正確性と透明性を担保する

学年会計は煩雑な処理が多い。
煩雑であるが,「正確性」「透明性」が求められる。
会計を円滑に進めるためにはどのような工夫が必要なのか?

学年会計とは

　学年会計とは,各学年に設置させる会計制度のことです。各学年の活動にかかる費用を管理し,予定の策定や収支の記録,必要な経費の支出などを行います。仕事は多岐にわたり,慎重な計画と正確な記録が求められます。
　学年会計を行う際に注意すべき点はいくつかあります。

1．予算の適正管理
　　学年会計は予算を管理します。収入と支出のバランスをとり,学年の行事などに必要な資金を配分します。

2．透明性と正確性の確保
　　会計記録は透明で正確であることが求められます。支出の明細や領収書などをしっかり保管し,いつでも誰でも確認できる状態にしましょう。

3．法令や規則の遵守
　　学校や地域の法令や規則を厳守しなければなりません。会計処理や資金の運用に関する法を理解し,それに従い運営します。

4．定期的な報告と監査
　　学年会計の状況について,定期的に報告を行う必要があります。また,外部の監査で情報を求められる場合もあるため,情報の整理をしっかり行っておきましょう。

これらのポイントをふまえながら，学年会計を運営することで，学校全体の資金管理が効率化され，教育活動や生徒の支援に資する体制が整います。
　新聞等で会計をめぐる不正が報道されるのを時々目にしますが，そのようなことにならないよう，複数の目で確認できる工夫をはじめからしておきましょう。

円滑に進めるために

学年会計の業務を円滑に進めるためには，以下のような工夫が必要です。

1．デジタルツールの活用
　　　会計ソフトなどを活用して，収入・支出の記録や予算管理を行います。これにより，手作業でのミスを減らし，効率的にデータを管理できます。
2．明確なルールと手順の設定
　　　支出の承認手続きや報告書の作成，領収書の整理方法など，具体的なルールや手順を文書化して共有します。これにより，誰が何をすべきか明確になり，業務の混乱を防げます。定期的な会計報告のスケジュールを設定し，関係者に進捗状況を報告します。
3．コミュニケーションの強化
　　　教職員やPTAとの連絡を密にし，会計に関する質問や問題があれば，迅速に対応できるように，連絡手段を明確にしておきます。
4．校務分掌の配置
　　　各学年から学年会計の担当者を選出しますが，その際，必ず前年度の経験者が1名以上は残るように配慮します。

複数の者が，いつでも学年会計を確認できるような工夫をする。
2～3ヶ月に一度の頻度で，会計処理の確認を行うようにする。

51 教科書給与と補助教材
―法令を理解し管理を徹底する

- 教科書は，国から無償で配布される。
- 無償で配布されるからこそ，管理を徹底する。
- 副教材とは，学校で注文して使用する副読本などのことである。

教科書とは

教科書（教科用図書）は，法令で次のように定義づけられています。

> 「教科書」とは，小学校，中学校，義務教育学校，高等学校，中等教育学校及びこれらに準ずる学校において，教育課程の構成に応じて組織排列された教科の主たる教材として，教授の用に供せられる児童又は生徒用図書であって，文部科学大臣の検定を経たもの又は文部科学省が著作の名義を有するものをいう。　「教科書の発行に関する臨時措置法」第2条第1項

「教科の主教材として使われる図書で，文部科学省の検定済みまたは著作のもの」が教科書ということになります。教科書には使用義務があるため，必ず使用しなくてはなりません。

> 小学校においては，文部科学大臣の検定を経た教科用図書又は文部科学省が著作の名義を有する教科用図書を使用しなければならない。
> 　　　　　　　　　　　「学校教育法」第34条第1項（第49条準用）

補助教材とは

では，教科の授業では，教科書以外の教材は使ってはいけないのでしょうか。「教科用図書以外の教材を使用してもよい」とも定められています。

> 教科用図書及び第2項に規定する教材以外の教材で，有益適切なものは，これを使用することができる。　　　「学校教育法」第34条第4項（第49条準用）

教科書を主教材として使用しながら，並行して補助教材を用いることは効果的であることは，これまでの経験からも理解できると思います。ただし，補助教材の使用に関しては，教育委員会への届け出が義務づけられているので，この点に注意が必要です。教務主任は，各学年（教科）が使用している補助教材について正確に把握し，教育委員会へ届け出ましょう。

教科書管理

教育現場において，正確な教科書の数は非常に重要です。転出入の際に，教科書の過不足が生じた場合は，早急に手続きをしましょう。教科書管理は，年度をまたぐ業務となるため，担当者が変更となった場合などは引き継ぎをしっかり行う必要があります。

教科ごとに必要な教科書の数を確認する。
学級ごとに必要な教科書の数を把握する。
教科書の在庫管理を行い，不足分や破損品があれば早急に補充する。
補助教材については，使用する教材を正確に把握し，教育委員会に届け出る。

第5章　書類の作成と管理　117

Column

仕事はサクサクやる

　雑務がとても多いのが，教務主任の仕事の特徴です。必要な雑務は，リストにして見てすぐに確認できるようにしておくとよいでしょう。行事と連動させながら，「〇月にやる仕事」など，時間の流れを意識した目に見える To Do リストのようなチェック表だとよいですね。もちろん毎月行う仕事もあるので，「毎月の仕事」というチェック表もあると便利です。

　いずれの仕事も，締め切りよりも少し前に仕上げるのがコツです。担任の先生がお休みして，教務主任が教室に入らないといけなくなったり，人によってはご自身のお子さんが熱を出して休まなくてはならなくなったりもします。あるいは，年老いたご両親を抱えていれば，急に入院したり，介護が必要になったりすることもないとは限りません。そんなことが生じれば，誰しも余裕がなくなっていきます。

　単純な雑務については，サクサク仕上げていくのがよいでしょう。単純な雑務が溜まっていくと，追われているような気がして，負担になるだけでなく，主となってしなければならない大事な仕事をおろそかに仕上げてしまう可能性が出てきます。単純な雑務はサクサクやるに越したことはありません。

　筆者の場合，原稿はかなり早く仕上げることが多いです。その理由は，上記のように急に予定が入ることを想定していることもありますが，それだけではありません。一旦仕上げ，そのあとに眺め直すためです。あとでアイデアを思いつけば，修正することができます。ギリギリに仕上げると修正の余地がなく，後悔だけが残ってしまうので，再考の時間を確保するためにも，いつも早めに仕上げることを意識しています。これは，教務主任であっても同じはずです。大事にしたい仕事に集中するためにも，単純な仕事はサクサク片付けましょう。

第6章
学校外との連携

52 PTA
―4月を乗り切り流れをつくる

PTA会議をうまく進められるように,しっかり準備を。
4月の会議で年間の動きがほとんど決まるので,本部役員と丁寧にコミュニケーションをとろう。

PTA活動

　PTA活動は,保護者と教員が生徒（子ども）のために何ができるのかを考え,実行していく活動です。教務主任は学校の庶務という立場で関わることが多いのではないかと思います。庶務の仕事は,選挙やPTAの資料作成などです。選挙については,保護者からよく問い合わせがあるので,学校のPTA組織や選挙の仕方,辞退権の有無,その行使の仕方などは確実に把握しておきましょう。

　PTA組織は,主に,本部役員と各クラスの委員で構成されます。本部役員については,前年度の本部役員選挙で決まっていることが多いですが,各クラスの委員については,年度が始まってからの決定になります。教員にも分掌として,各委員会の担当を割り振り,その委員会の催しがあった際には,協力を促します。

年間の動き

　年度当初に本部役員会を開催し,年間予定を確認します。その後,本部役員以外のクラス委員を決める選挙の準備を行います。次に,始業式や入学式の時に,クラス委員選挙に関するお知らせを配布します。この時に選挙に関しての細則を確実に配布することが大切です。この細則に,立候補や辞退に

ついて事細かに書いておきます。特に，辞退に関しては，辞退権を永年もっている可能性がある（例えば，PTA会長を経験したら，選挙の辞退権がずっとある）ため，辞退権をもっている人については，過去に遡って確実に調べておく必要があります。

　クラス委員の選挙が終わると，本部役員とクラス委員を集め，本年度のPTA事業についての委員会を行います。ここで，人員を確認し，各委員会（保体委員・文化委員など）へと分かれ，PTAとして行う事業内容の協議・決定を行い，PTA総会に備えます。

　PTA総会は，本部役員の運営について，予算について，各委員会の事業内容について，PTA会員に確認し，承諾を得る機会です。参観日などを利用し，その放課後に行うことが多いです。総会に出られない保護者については，あらかじめ委任状を出してもらいます。

　総会で，議案が承認されれば，その年度はその計画に沿って進めていきます。

　この後は，本部役員としての事業運営や各委員会での事業内容を遂行していきます。そして，11月くらいに次年度の本部役員選挙があり，年度末に事業内容の報告の総会があるという形です。

　PTAの学校庶務として，4月はかなり時間をとられます。ただ，教務主任である学校庶務が流れをつくらないと，何も動かず，決まらないのも事実です。4月は，腹をくくって乗り切りましょう！

教務主任は，学校庶務という立場でPTAに参加することが多い。役員や委員の選び方について熟知する。
PTA含め，全ての仕事が4月に集中するため，4月は腹をくくって乗り切る。

第6章　学校外との連携　121

53 小学校との連携
―義務教育9年間の見通しをもつ

CHECK!
地域に住む児童生徒の9年間をイメージしよう。
小学校の教務主任と普段から連携をとると動きやすい。
小学校に授業を見に行くのもよい連携への第一歩!

入学説明会・体験入学

　2学期後半になると，小学校6年生に対して，中学校への入学説明会や体験入学を行います。これらについては，小学校の教務主任とのやりとりを中心に，中学校の教務主任が動かなくてはなりません。年間計画ですでに日程は決まっているのですが，実際の動きをどのようにしていくのか，具体的な確認が必要です。

　例えば，体験時のクラス編成です。小学校別にするのか，中学校進学時と同じように複合編成にするのかなどです。筆者の場合は，複合編成で進めていました。各小学校には，3クラス編成にしておいてくださいと伝え，当日は，各小学校の3クラス編成を合体させて体験授業を行っていました。

　説明会では，少しでも小学生に中学校のことがわかるように，生徒会が動画を作成したり，中学校生活をわかりやすくした資料を作成したりします。

　他にも，部活動体験の日や生徒会と児童会が交流する日などもあります。特別活動部とともに企画することも多いので，連携をしっかり図りましょう。

小中一貫で行うカリキュラム

　小中連携教育を行う学校が多くなりました。義務教育学校として行っている学校，併設型として行っている学校など，形はそれぞれですが，義務教育

9年間の見通しをもち，教育を進めていくために，小学校と中学校を1つとしてとらえ，一貫したカリキュラムで進める学校が多くなっています。
　こうした小中連携は，各小中学校の管理職が現状の児童生徒を分析し，そこから必要なことや伸ばしたいことなど，案を出しながら進めていくことが多いです。管理職が打ち出した方針を出しても，それを具現化するためには，各小中学校の教務主任が話し合い，年間計画や事業内容を決めていかなくてはなりません。中学校が拠点校となることが多いので，年間の小中連携の会議等を設定するのも中学校の教務主任の仕事になります。
　例えば，小中連携としてのテーマが，「ICTを利活用した授業改善」だとしましょう。動きとしては，4月初旬に小中学校の管理職が集まり，本年度の方針を決めます。4月の企画調整会議や職員会議で職員全体に提案し，5月頃に，小中学校の教職員全体が集まって，カリキュラムを再度確認し，各小中学校でどのような実践ができるのかを考えます。夏季休業中には，このテーマに沿って小中学校が一体となって研修を行うことが多いです。
　2学期になると，それぞれの学校でテーマに沿った授業をお互いが公開して，どのように実践を進めているのか，学習する機会をもちます。そして，3学期には，振り返る時間を設け，次年度につなげていきます。
　小中一貫として取り組むことなので，単年ではなかなかうまくいかないことが多いと思います。だからこそ，何のために行っているのかを明確にし，何を軸にするのかを確認しながら行いましょう。
　小中学校の教職員で進めることなので，計画だけ立派でも，中身が伴わないとその時間の共有がもったいないものになってしまいます。

小中連携を実務的にリードするのは，中学校の教務主任である。
小中連携で取り組むテーマは，校区の児童生徒の現状を分析するところから始まる。

54 学校だより・ホームページ
―地域に学校を知ってもらう

学校だよりやホームページには，昨年度のものを参考にしながらも，新しい取組や生徒の頑張りを積極的に載せる。
発信の際は，個人情報の取り扱いには十分注意する。

学校だより

　学校だよりには，学校長の巻頭言，学校行事や取組，最新の月予定や部活動の結果などのお知らせを掲載します。学校だよりは，保護者や地域の人に学校で今どのようなことを行っているのかということを知ってもらうよい機会となるものです。

　学校だよりの作成にあたっては，月ごとの資料が必要です。学校行事はもとより，各学年の行事，取組にできる限り顔を出し，写真を撮って，内容を記事にしていきます。

　教務主任が作成した学校だよりは，校長・教頭に確認をしてもらいます。そして，掲載する取組を行った学年の学年主任にチェックをしてもらい，OK であれば生徒・保護者用として配布します。

　筆者の学校では，完成した学校だよりは，地域にも配布します。学校区の各ブロックの会長，自治会の会長のところに持っていき，各ご家庭へ回覧してもらうようにし，学校の様子を地域へ積極的に発信しています。

　各地域への回覧となるので，部数の把握や仕分けは，学校支援員の方と協力し作業するようにしています。

ホームページ

　近年は，ホームページを使って学校の情報を発信することも多くなっています。項目としてよくあるのが，学校紹介や各学年の取組などです。

　ホームページでは，学校だよりに載せきれないような細かい行事・取組を日々発信することが可能です。教務主任1人では，それらを全て掌握することができないので，校務分掌上にホームページ担当などと位置づけをし，各学年でホームページ担当を決めます。それぞれが行事などをどういった形で発信していくのかを相談し，実際に掲載していきます。

　学校だよりでは，誌面の都合もあり，その行事の代表的な写真しか載せることができません。ホームページでは，その他の写真についても個人情報には留意をしながら，掲載していくことが可能です。

　発信内容については，必ず管理職に確認をとることを忘れないようにしましょう。自分だけの判断で行うと痛い目に遭います。

　近年は，シラバスなどの各教科・各学年の学習計画を載せることも多くなってきました。こうしたホームページの掲載内容の充実のために，ホームページ作成の手順を知っておくことも必要です。

　学校での出来事を積極的に発信することは，開かれた学校を目指すにあたって非常に重要なことです。

学校だよりやホームページを作成するには資料が必要なため，各行事・取組に顔を出して写真を撮り，忘れないように文字にしておく。虐待等で避難している家庭もあるので，学校だよりやホームページでの発信の際，個人情報にはくれぐれも注意する。

第6章　学校外との連携　125

55 コミュニティスクール
―地域と力を合わせチームになる

> 子どもたちの将来と地域の未来のために，できることを地域とともに着実に行う。
> 地域との関係を改善したり，強化したりするチャンスととらえる。

コミュニティスクールとは

　コミュニティスクール（学校運営協議会制度）は，学校と地域住民等が力を合わせて学校の運営に取り組むことが可能となる「地域とともにある学校」への転換を図るための有効な仕組みです。

　「地方教育行政組織及び運営に関する法律」の改正（2017年3月）で，教育委員会に学校運営協議会の設置が努力義務化されました。

> ○学校長が作成する学校運営の基本方針を承認する。
> ○学校運営について，教育委員会，または校長に意見を述べることができる。
> ○教職員の任用に関して，教育委員会規則に定める事項について，教育委員会に意見を述べることができる。
> 　　　　　「地方教育行政組織及び運営に関する法律」第47条の5を基に作成

　学校運営協議会制度をとっても，学校運営の責任者はあくまでも学校長です。学校運営協議会では，学校と地域が課題を共有し，共通のビジョンをもち，地域の子どもを育んでいくために，未来志向の熟議を行います。この熟議を経て，地域学校協働活動本部が実働部隊として動きます。

地域学校協働活動本部は，地域全体で子どもたちの学びや成長を支えるとともに，「学校を核とした地域づくり」を目指し，連携・協働して行う様々な活動をします。この地域学校協働活動に携わっている方の一部が，学校運営協議会の委員であると，実働・協働の部分がうまくいくように思います。

　コミュニティスクールのメリットとしては，地域との組織的な連携，協働体制が継続でき，持続可能な仕組みを整えることができることがあります。また，学校のビジョンを承認し，それに向かって何ができるのかを考える当事者意識も生まれます。構成員はそうした当事者意識をもちながら，実働し，協働していくので，メリットは多いといえます。

コミュニティスクールの立ち上げ

　かつて筆者は，コミュニティスクールの立ち上げに関わった経験があります。学校長のリーダーシップの下，今あるものを生かし，発展させていくという視点をもち，コミュニティスクールを目指すための学校運営協議会の立ち上げがなされました。当時，学校運営協議会のメンバーは，普段から学校評議員として携わっていただいている方や歴代のPTAで協力していただいた方を中心に構成されました。実働部隊となる地域学校協働活動本部についても，同時に立ち上げ，公募しました。地域で学校の活動に協力していただける方々もメンバーの一部に起用し，協力していただきました。

　学校と地域がお願いする・される関係ではなく，地域の子どものために一緒に活動を行えば，よりよい地域環境が形成されることを実感しました。

参考文献：文部科学省「『学校運営協議会』設置の手引き」(令和元年 改訂版)

コミュニティスクール（学校運営協議会制度）によって，学校と地域住民等が力を合わせて学校の運営に取り組むことができる。頼む・頼まれる関係から脱し，構成員に当時者意識が芽生える。

第6章　学校外との連携　127

【監修者紹介】
片山　紀子（かたやま　のりこ）
奈良女子大学大学院人間文化研究科　比較文化学専攻　博士後期課程修了　博士（文学）。現在，京都教育大学大学院連合教職実践研究科学校臨床力高度化系教授。著書に『ファシリテートのうまい先生が実は必ずやっている　「問いかけ」の習慣』（明治図書・編著）などがある。
執筆ページ：p.28, 46, 66, 86, 118

【著者紹介】
大村　優（おおむら　まさる）
京都教育大学大学院連合教職実践研究科修了。教職修士（専門職）。現在，京都府内公立中学校に勤務。
執筆ページ：pp.8-25, 36-45, 54-55, 72-79, 82-83, 92-93, 96-101, 104-105, 110-113, 120-127

松原　健明（まつばら　たけあき）
横須賀市内の中学校２校で研究推進委員長や学習指導部長，教務主任を経験。現在，横須賀市立横須賀総合高等学校総括教諭。
執筆ページ：pp.26-27, 30-35, 48-53, 56-65, 68-71, 78-71, 84-85, 88-91, 94-95, 102-103, 106-109, 114-117

実務が必ずうまくいく
中学校　教務主任の仕事術　55の心得

2025年３月初版第１刷刊	©監修者	片　山　紀　子	
	著　者	大　村　　　優	
		松　原　健　明	
	発行者	藤　原　光　政	

発行所　明治図書出版株式会社
　　　　http://www.meijitosho.co.jp
　　　　（企画・校正）江﨑夏生
〒114-0023　東京都北区滝野川7-46-1
振替00160-5-151318　電話03(5907)6701
ご注文窓口　電話03(5907)6668

＊検印省略　　組版所　株式会社　木元省美堂

本書の無断コピーは，著作権・出版権にふれます。ご注意ください。

Printed in Japan　　　ISBN978-4-18-450331-1
もれなくクーポンがもらえる！読者アンケートはこちらから　→